PSYCHODYNAMIK **Kompakt**

Herausgegeben von
Franz Resch und Inge Seiffge-Krenke

Hans-Peter Hartmann

Narzissmus und narzisstische Persönlichkeitsstörungen

Vandenhoeck & Ruprecht

Mit 5 Abbildungen und 4 Tabellen

Bibliografische Information der Deutschen Nationalbibliothek

Die Deutsche Nationalbibliothek verzeichnet diese Publikation in der Deutschen Nationalbibliografie; detaillierte bibliografische Daten sind im Internet über http://dnb.d-nb.de abrufbar.

ISBN 978-3-525-40611-3

Weitere Ausgaben und Online-Angebote sind erhältlich unter: www.vandenhoeck-ruprecht-verlage.com

Umschlagabbildung: Paul Klee, Der goldene Fisch, 1925/akg-images

© 2018, Vandenhoeck & Ruprecht GmbH & Co. KG,
Theaterstraße 13, D-37073 Göttingen
www.vandenhoeck-ruprecht-verlage.com
Alle Rechte vorbehalten. Das Werk und seine Teile sind urheberrechtlich geschützt. Jede Verwertung in anderen als den gesetzlich zugelassenen Fällen bedarf der vorherigen schriftlichen Einwilligung des Verlages.
Printed in Germany.

Satz: SchwabScantechnik, Göttingen
Druck und Bindung: ⊕ Hubert & Co. GmbH & Co. KG BuchPartner,
Robert-Bosch-Breite 6, D-37079 Göttingen

Gedruckt auf alterungsbeständigem Papier.

Inhalt

Vorwort zur Reihe 7

Vorwort zum Band 9

Vorbemerkungen 11

1 Der Mythos des Narziss 13

2 Freuds Narzissmusbegriff und seine historischen Vorläufer .. 15
   2.1 Historische Vorläufer 15
   2.2 Freuds Narzissmusbegriff 16
   2.3 Weiterentwicklung des Narzissmusbegriffs bei Freud
       und die Konsequenzen 18

3 Narzissmus im Verständnis unterschiedlicher
psychoanalytischer Theorien 19
   3.1 Grundannahme primärer Narzissmus 19
   3.2 Grundannahme primäre Objektbeziehung 21
   3.3 Grundannahme Selbstregulation 24
   3.4 Grundannahme Intersubjektivität 25

4 Diagnostik und Klassifikation der narzisstischen
Persönlichkeitsstörung 27
   4.1 Testdiagnostik 27
   4.2 Klassifikation 29
   4.3 Weiblicher Narzissmus 35

5 Narzissmus bei Paaren und in Gruppen 37

6 Das Verständnis der narzisstischen Persönlichkeitsstörung
  bei Kohut 39

7 Das Verständnis der narzisstischen Persönlichkeitsstörung
  bei Kernberg 42

8 Das Verständnis des Narzissmus und der narzisstischen
  Persönlichkeitsstörung in anderen, nicht psychoanalytisch
  begründeten Theorien 46
  8.1 Verhaltenstherapie 46
  8.2 Klärungsorientierte Psychotherapie 47

9 Narzissmus bei anderen Persönlichkeitsstörungen 49

10 Narzissmus, Bindung und Aggression 51

11 Differenzielle Behandlungsansätze des Narzissmus
   und der narzisstischen Persönlichkeitsstörung 56
   11.1 Von Freud zu Kernberg 56
   11.2 Neuere Behandlungsansätze 64
   11.3 Wesentliche Komplikationen bei allen Therapieformen 70

12 Übertragungs- und Gegenübertragungsprobleme 72

13 Ausblick, Prognose und Behandlungseffizienz 75

Literatur 77

Vorwort zur Reihe

Zielsetzung von PSYCHODYNAMIK KOMPAKT ist es, alle psychotherapeutisch Interessierten, die in verschiedenen Settings mit unterschiedlichen Klientengruppen arbeiten, zu aktuellen und wichtigen Fragestellungen anzusprechen. Die Reihe soll Diskussionsgrundlagen liefern, den Forschungsstand aufarbeiten, Therapieerfahrungen vermitteln und neue Konzepte vorstellen: theoretisch fundiert, kurz, bündig und praxistauglich.

Die Psychoanalyse hat nicht nur historisch beeindruckende Modellvorstellungen für das Verständnis und die psychotherapeutische Behandlung von Patienten hervorgebracht. In den letzten Jahren sind neue Entwicklungen hinzugekommen, die klassische Konzepte erweitern, ergänzen und für den therapeutischen Alltag fruchtbar machen. Psychodynamisch denken und handeln ist mehr und mehr in verschiedensten Berufsfeldern gefordert, nicht nur in den klassischen psychotherapeutischen Angeboten. Mit einer schlanken Handreichung von 70 bis 80 Seiten je Band kann sich der Leser schnell und kompetent zu den unterschiedlichen Themen auf den Stand bringen.

Themenschwerpunkte sind unter anderem:
- *Kernbegriffe und Konzepte* wie zum Beispiel therapeutische Haltung und therapeutische Beziehung, Widerstand und Abwehr, Interventionsformen, Arbeitsbündnis, Übertragung und Gegenübertragung, Trauma, Mitgefühl und Achtsamkeit, Autonomie und Selbstbestimmung, Bindung.
- *Neuere und integrative Konzepte und Behandlungsansätze* wie zum Beispiel Übertragungsfokussierte Psychotherapie, Schematherapie, Mentalisierungsbasierte Therapie, Traumatherapie, internet-

basierte Therapie, Psychotherapie und Pharmakotherapie, Verhaltenstherapie und psychodynamische Ansätze.
- *Störungsbezogene Behandlungsansätze* wie zum Beispiel Dissoziation und Traumatisierung, Persönlichkeitsstörungen, Essstörungen, Borderline-Störungen bei Männern, autistische Störungen, ADHS bei Frauen.
- *Lösungen für Problemsituationen in Behandlungen* wie zum Beispiel bei Beginn und Ende der Therapie, suizidalen Gefährdungen, Schweigen, Verweigern, Agieren, Therapieabbrüchen; Kunst als therapeutisches Medium, Symbolisierung und Kreativität, Umgang mit Grenzen.
- *Arbeitsfelder jenseits klassischer Settings* wie zum Beispiel Supervision, psychodynamische Beratung, Soziale Arbeit, Arbeit mit Geflüchteten und Migranten, Psychotherapie im Alter, die Arbeit mit Angehörigen, Eltern, Familien, Gruppen, Eltern-Säuglings-Kleinkind-Psychotherapie.
- *Berufsbild, Effektivität, Evaluation* wie zum Beispiel zentrale Wirkprinzipien psychodynamischer Therapie, psychotherapeutische Identität, Psychotherapieforschung.

Alle Themen werden von ausgewiesenen Expertinnen und Experten bearbeitet. Die Bände enthalten Fallbeispiele und konkrete Umsetzungen für psychodynamisches Arbeiten. Ziel ist es, auch jenseits des therapeutischen Schulendenkens psychodynamische Konzepte verstehbar zu machen, deren Wirkprinzipien und Praxisfelder aufzuzeigen und damit für alle Therapeutinnen und Therapeuten eine gemeinsame Verständnisgrundlage zu schaffen, die den Dialog befördern kann.

Franz Resch und Inge Seiffge-Krenke

Vorwort zum Band

Ist unser Zeitalter durch ein Übermaß an Selbstbezogenheit gekennzeichnet? Leben wir in einer Kultur mit narzisstischer Prägung? Zwischen Realityshows und Körperkult, Kosmetik und Schönheitschirurgie, Selbstoptimierung und Mediendesign hat sich der Blick auf narzisstische Phänomene gewiss intensiviert. Empirisch zeigt sich jedoch, dass sich die Häufigkeit schwerer Persönlichkeitsstörungen nicht verändert hat. Das vorliegende Buch möchte das Phänomen des Narzissmus in all seinen Facetten zwischen gesunder Selbstwertregulation über Persönlichkeitsakzentuierungen bis hin zu den Persönlichkeitsstörungen beleuchten. Dabei wird insbesondere verdeutlicht, wie das jeweilige Verständnis des Narzissmus den therapeutischen Umgang mit narzisstischen Patienten zu bestimmen vermag.

Nach einer erhellenden Darstellung des Mythos des Narziss wird Freuds Narzissmusbegriff in seiner konzeptionellen Unzulänglichkeit erläutert und anhand wichtiger Textstellen seines Gesamtwerks belegt. Andere psychoanalytische Schulen griffen Teilaspekte des Narzissmus in unterschiedlicher Weise auf: Grundannahmen eines primären Narzissmus stehen heute Grundannahmen primärer Objektbeziehungen gegenüber. Diese wurden durch dynamische Aspekte der Selbstregulation und der Intersubjektivität erweitert. Selbstwert und Identität wurzeln in einer Folge bedeutsamer zwischenmenschlicher Begegnungen.

Ein diagnostisches Kapitel bezieht sich auf die narzisstische Persönlichkeitsstörung und beleuchtet auch mögliche spezifische Aspekte eines weiblichen Narzissmus im Gegensatz zu den eher auf Männer bezogenen klassischen Kriterien. Dem Verständnis der narzisstischen

Persönlichkeitsstörung bei Kohut und Kernberg sind jeweils eigene Kapitel gewidmet. Auch nichtanalytisch begründete Modellvorstellungen werden präsentiert.

Die abschließenden Kapitel behandeln differenzielle Therapieansätze und ihre Probleme in der Übertragung und Gegenübertragung. Die hohe Abbruchwahrscheinlichkeit als Problem wird nicht verschwiegen. Es scheint, dass korrigierende signifikante Lebensereignisse positive Wirkungen entfalten, wobei ein vulnerabler Narzissmus, der eher frauenspezifisch zu ein scheint, eine bessere Prognose zu haben scheint als ein grandioser Narzissmus.

Das Buch von Hans-Peter Hartmann besticht durch seine Klarheit trotz der Detailfülle. Es macht das Phänomen des Narzissmus in seiner Vielschichtigkeit deutlich und erweitert dafür das Verständnis. Für Therapeutinnen, Therapeuten und am Thema Interessierte ein idealer Einstieg.

Inge Seiffge-Krenke und Franz Resch

Vorbemerkungen

Der Begriff Narzissmus wird heutzutage im Allgemeinen mit Überheblichkeit, Geltungsbedürfnis und einem Übermaß an Selbstbezogenheit gleichgesetzt und ist negativ konnotiert. Seine moralische Verwerflichkeit ist durch die Auffassung Freuds (1914), die ein Entweder-oder bzw. Mehr-oder-weniger an Narzissmus mit entsprechenden Veränderungen der Objektliebe verbindet, eher gestärkt worden, da das Entwicklungsziel – die postödipale Objektliebe – vorgegeben war. Andererseits ist Narzissmus offenbar ein Merkmal vieler professionell erfolgreicher Menschen. Otto F. Kernberg hat es einmal bei einem seiner Vorträge so ausgedrückt: Um professionell erfolgreich zu sein, benötigt man gesunde Paranoia, Narzissmus, Zwanghaftigkeit und psychopathische Züge.

In diesem Buch geht es um Narzissmus in all seinen Ausprägungen. Das narzisstische Kontinuum reicht vom gesunden Narzissmus als Persönlichkeitsvariable gesunder Menschen über Narzissmus als Persönlichkeitsakzentuierung bis hin zu dessen pathologischen Ausformungen als narzisstische Persönlichkeitsstörungen, die in diesem Buch schwerpunktmäßig behandelt werden. Der gesunde Narzissmus wird dabei im Kontrast zum pathologischen Narzissmus (Kapitel 7) dargestellt, der archaische im Kontrast zum reifen Narzissmus (Kapitel 6), und es wird dabei deutlich, wie unterschiedlich das jeweilige Verständnis des Narzissmus den therapeutischen Umgang bestimmt. In diesem Zusammenhang stellt sich auch die Bedeutung unterschiedlicher diagnostischer Instrumente bei der empirischen Überprüfung der Varianten der narzisstischen Persönlichkeitsstörung dar.

Soziologisch wurde das Phänomen Narzissmus schon spätestens seit den 1970er Jahren (Lasch, 1979) als typisch für ein ganzes Zeitalter und in Zunahme begriffen dargestellt. Dies rief andererseits auch deutliche Kritik hervor (zuletzt Lammers u. Mestel, 2015), insbesondere wurde der Mangel empirischer Belege für eine angebliche Zunahme narzisstischer Persönlichkeitsstörungen problematisch gesehen, ebenso wie die unklaren begrifflichen Abgrenzungen, wenn über Narzissmus gesprochen wird. Gleichwohl hat sich die kulturelle Landschaft durch diverse Fernsehshows (»Deutschland sucht den Superstar«, »Dschungelcamp« etc.), Körperkult (Fitnessstudios) und kosmetische Chirurgie dahingehend verändert, dass man durchaus von einer Kultur mit narzisstischer Prägung sprechen kann, und hierdurch ist der Blick auf narzisstische Phänomene gewiss intensiviert worden. Das bedeutet nicht, wie Rubinstein (2014) zu Recht feststellt, dass die Häufigkeit narzisstischer Persönlichkeitsstörungen zugenommen hätte. Empirisch finden sich lediglich signifikante Differenzen hinsichtlich eines höher ausgeprägten Narzissmusgrades bei den jeweiligen Teilnehmern an obigen Aktionen im Vergleich zu Nichtteilnehmern. Die Prävalenz narzisstischer Persönlichkeitsstörungen hat sich nicht wesentlich verändert (Stinson et al., 2008; vgl. Kapitel 4), hängt aber auch von Stichprobenzusammensetzung und Messinstrumenten ab. Ein weiteres Indiz, dass narzisstische Phänomene kulturell häufiger zum Ausdruck kommen, ist die Zunahme der Partizipation an sozialen Netzwerken (Potier, 2014). Hier äußert sich insbesondere der Narzissmus des kleinen Unterschieds, aber auch Selbstversicherungen, die Erfahrung der Unterstützung durch andere und persönliche Spiegelungserfahrungen können gemacht werden. Facebook und Co. können also der Abgrenzung, aber auch der Selbststabilisierung dienen. Hier werden narzisstische Einstellungen, Identitätsstereotype und die Selbstbildkonstruktion zusammen mit der ständigen Beschäftigung mit der Anzahl von Freunden und der Bedeutung der Selbstdarstellung über tägliches Posten bedient.

1 Der Mythos des Narziss

In der griechischen Mythen- und Sagenwelt sind unterschiedliche Versionen und Bedeutungen des Mythos des Narziss überliefert. Die bekannteste ist die Version, die Ovid in den Metamorphosen III weiterverbreitet hat (Ovidius, 1982). Nach ihm wurde Narkissos als Sohn der Nymphe Leiriope durch Vergewaltigung des Flussgottes Kephissos gezeugt. Der Seher Teiresias sagte vorher, Narkissos würde sehr alt werden, aber nur, wenn er sich selbst niemals kenne.

Aufgrund seiner Entstehung war Narkissos von Anfang an den ambivalenten Gefühlen seiner Mutter ausgeliefert. Einerseits war er ihr Augapfel, andererseits sah sie in ihm das Abbild des Vergewaltigers. Herzlos wies Narkissos die Liebe von Männern und Frauen zurück und war von trotzigem Stolz auf die eigene Schönheit erfüllt. Amenios, einem besonders aufdringlichen Bewerber, schickte Narkissos ein Schwert. Damit suizidierte sich Amenios auf der Türschwelle von Narkissos und rief dabei die Götter an, seinen Tod zu rächen. Seine Bitte wurde von Artemis erhört, die Narkissos mit unerfüllbarer Selbstliebe bestrafte.

Die Nymphe Echo, die von Hera mit dem Verlust ihrer Sprache bestraft worden war, weil sie sie mit langen Geschichten unterhielt, sodass Hera die Konkubinen des Zeus nicht bemerkte, konnte nur Rufe anderer wiederholen. Sie war damit auch kein echtes Gegenüber, kein echtes Objekt. Echo verliebte sich in Narkissos und folgte ihm, als er auf Hirschjagd ging. Dabei verirrte er sich und rief: »Ist jemand hier?« Die Nymphe echote seine Worte, und er antwortete: »Ich würde lieber sterben, als mit dir liegen«, was wiederum ein Echo der Nymphe auslöste. Echo verbrachte den Rest ihres Lebens in einsamen Schluchten und siechte vor Liebeskummer dahin, bis nur noch ihre Stimme zurückblieb.

Die unerfüllte Selbstliebe des Narkissos fand ihr Ende, als er eine Quelle fand, sich dort erschöpft niederlegte und sich in sein eigenes Spiegelbild verliebte. Es war nahezu unerträglich für ihn, seine Liebe, sein Spiegelbild, zu besitzen und doch nicht zu besitzen, und er verzehrte sich in der Liebe zu seinem Spiegelbild. Kummer quälte ihn, doch er freute sich auch, weil er wusste, dass sein Bildnis ihm treu blieb. In seiner Verzweiflung stieß er sich eines Tages einen Dolch ins Herz. Aus seinem Blut entsprang eine Narzisse. Das aus dieser Blume gewonnene Öl war ein medizinisch wohlbekanntes Narkotikum.

Weniger bekannt ist, dass etymologisch (nach Kluge, 1975) die Blume dem Mythos den Namen gegeben hat und wegen ihres betäubenden Duftes mit »narkotisch«, »starr und gelähmt werden«, in Zusammenhang steht. Hieraus entstand »Nárcissos« bei Homer und »Narcissus« bei Vergil. Insofern erscheint es nicht zu weit hergeholt, den Mythos des Narziss mit der Abtötung oder Narkotisierung eigener unerträglicher Gefühle über fehlende Wahrnehmung und Spiegelung durch die primären Objekte in Verbindung zu bringen, Narzissmus also als Restitutionsversuch zur Herstellung von Kohäsion (Kohut, 1973) bzw. als Abwehrstruktur (Kernberg, 1975) zu verstehen.

2 Freuds Narzissmusbegriff und seine historischen Vorläufer

2.1 Historische Vorläufer

1898 wurde von Havelock Ellis in einer sexualwissenschaftlichen Arbeit über Autoerotismus erstmals der Begriff der Narzissus-ähnlichen Tendenzen genannt. Näcke (1899) übersetzte die Narzissus-ähnlichen Tendenzen mit dem Begriff Narzissmus und verstand darunter eine sexuelle Perversion, bei der eine Person den eigenen Körper wie ein Sexualobjekt behandelt. Er war damit der Erste, der den Begriff benutzte, allerdings ihm auch eine andere Bedeutung gab als Ellis (May-Tolzmann, 1991). Während Ellis eine tolerante Haltung gegenüber den verschiedenen Äußerungsformen der Sexualität und dem Autoerotismus einnahm und auch die sexuell erregende Selbstverliebtheit dem Autoerotismus zurechnete, betrachtete Näcke den Narzissmus nicht als normale menschliche Äußerungsform der Selbstverliebtheit, sondern als pathologische Perversion und verband darüber hinaus mir Narzissmus ein sexuelles Verhalten. Insofern sexualisierte er den Narzissmus, wie May-Tolzmann erläutert.

Neben diesen sexualwissenschaftlichen Vorläufern des Narzissmus hat Sadger (1909) aus psychoanalytischer Sicht in Vorwegnahme von Freuds späterer Sichtweise des Narzissmus, dessen Herkunft u. a. aus der infantilen und intensiven libidinösen Bindung des späteren Homosexuellen an die Mutter abgeleitet. Alle anderen Teilaspekte der Ätiologie des Narzissmus wurden nach May-Tolzmann (1991) von Freud entdeckt. Zu diesen Teilaspekten gehören: Narzissmus als Entwicklungsphase, Narzissmus als eine Art und Weise der Objektbeziehung und Objektwahl und Narzissmus als Selbstwertregulation.

2.2 Freuds Narzissmusbegriff

Freud erwähnt den Begriff Narzissmus erstmals am 10. November 1909 auf einem Vortragsabend der Wiener Psychoanalytischen Vereinigung: Der Narzissmus sei »eine notwendige Entwicklungsstufe des Übergangs vom Autoerotismus zur Objektliebe. Die Verliebtheit in die eigene Person (= die eigenen Genitalien) sei ein notwendiges Entwicklungsstadium. Von da gehe man zu ähnlichen Objekten über« (Nunberg u. Federn, 1977, S. 282). In seinen Werken taucht der Begriff erstmals 1910 auf, und zwar in der in diesem Jahr in der zweiten Auflage hinzugefügten Fußnote zu den »Drei Abhandlungen zur Sexualtheorie« (Freud, 1905). Ebenfalls in diesem Jahr (1910) beschreibt er die Selbstliebe bei der Homosexualität und spricht vom Narzissmus als Folge verdrängter Mutterliebe: »Der Knabe verdrängt die Liebe zur Mutter, indem er sich selbst an deren Stelle setzt, sich mit der Mutter identifiziert und seine eigene Person zum Vorbild nimmt, in dessen Ähnlichkeit er seine neuen Liebesobjekte auswählt. Er ist homosexuell geworden; eigentlich ist er in den Autoerotismus zurückgeglitten, da die Knaben, die der Heranwachsende jetzt liebt, doch nur Ersatzpersonen und Erneuerungen seiner eigenen kindlichen Person sind, die er so liebt, wie die Mutter ihn als Kind geliebt hat. Wir sagen, er findet seine Liebesobjekte auf dem Wege des Narzissmus« (Freud, 1910, S. 170).

In der Arbeit »Zur Einführung des Narzissmus« (Freud, 1914) werden die narzisstischen Neurosen als Psychosen von den Übertragungsneurosen unterschieden. Der Grund hierfür liegt in Freuds Differenzierung zwischen primärem und sekundärem Narzissmus und seiner Annahme, psychotisch Erkrankte regredierten auf die Phase des primären Narzissmus, in der eine Fixierung stattgefunden habe. Unter dem *primären Narzissmus* versteht Freud (1914, S. 138) »eine libidinöse Ergänzung zum Egoismus des Selbsterhaltungstriebes«. Für ihn ist der primäre Narzissmus ein notwendiges Stadium nach der Phase des Autoerotismus, in dem die noch unorganisierten Sexualtriebe gebündelt auf das Ich bezogen sind. Es findet eine libidinöse

Besetzung des Ich statt und einhergehend damit eine Modifikation der Triebtheorie, durch die der ursprünglich von Freud angenommen Konflikt zwischen Sexual- und Ich-Trieben zu einem Konflikt zwischen Ichlibido und Objektlibido wird.

In seiner Arbeit über libidinöse Typen (Freud, 1931) beschreibt Freud seine Sichtweise eines *narzisstischen Typus* und charakterisiert ihn überwiegend negativ. Dieser Typus sei hauptsächlich interessiert an Selbsterhaltung und Unabhängigkeit, verbunden mit einem großen Maß an Aggression und der Neigung zur Übernahme aktiver Führungsrollen. Dabei bevorzugen diese Menschen nach Freud auch in der Liebe eher die Aktivität, als dass sie geliebt werden möchten. Nach Freud ist ein narzisstischer Typus (eine narzisstische Persönlichkeit) vor allem durch den Typus der Objektwahl (narzisstisch) und die Art und Weise der Beziehung zur Umwelt (Beziehungsmangel) charakterisiert sowie – damit zusammenhängend – durch die Regulation des Selbstwertgefühls.

Von Freuds vier Weisen der Verwendung des Begriffs (Pulver, 1972) – Narzissmus als Perversion hat er von Näcke bzw. Sadger (s. o.) übernommen – sind damit bereits zwei angesprochen, nämlich erstens der Gebrauch des Begriffs in Bezug auf die Objektbeziehungen und den Typus der Objektwahl (narzisstisch) sowie die Art und Weise der Beziehung zur Umwelt (Mangel an Beziehungen) und zweitens hinsichtlich der Regulation des Selbstwertgefühls. Von den beiden anderen Verwendungen des Begriffs findet der Narzissmus als Entwicklungsstadium später bei Kohut in seiner entwicklungspsychologisch geprägten Auffassung besondere Berücksichtigung, während Narzissmus als sexuelle Perversion, das heißt, der eigene Körper wird als Sexualobjekt benutzt (Näcke, 1899), in unserem Kontext eher eine Randbedeutung hat, vielleicht noch am ehesten im Zusammenhang mit der Vorliebe für sadomasochistische Sexualpraktiken.

Sekundärer Narzissmus tritt durch Rücknahme der libidinösen Objektbesetzungen nach der Phase des primären Narzissmus auf. Auch das Ich-Ideal ist eine (sekundär-)narzisstische Bildung und das Erbe früherer (primärer) narzisstischer Vollkommenheit (Freud, 1921), zustande gekommen mittels Introjektion des idealen (omnipotenten) Elternbildes (Freud, 1914).

2.3 Weiterentwicklung des Narzissmusbegriffs bei Freud und die Konsequenzen

Nach Cordelia Schmidt-Hellerau (in Vorb.) ist Freud durch die Einführung des Narzissmus konzeptionell in Schwierigkeiten geraten, deren Folgen unterschiedliche Entwicklungen hinsichtlich des Verständnisses von Narzissmus sind. Freud nennt seinen zweiten Primärtrieb neben dem Sexualtrieb Selbsterhaltungs- oder Ichtrieb, mit Ichlibido beschreibt er die libidinöse Besetzung der Selbstrepräsentanz, während die Objektlibido der Besetzung der Objektrepräsentanz dient. Schmidt-Hellerau spricht statt von Selbsterhaltungstrieb vom Erhaltungstrieb zur Selbst- und Objekterhaltung – der Erhaltungstrieb hat also verschiedene Objekte – und verortet die Triebquellen dieses Triebs in den inneren Organen, deren Repräsentanzen sie als biogene Zonen bezeichnet, während sie dessen Energie analog zur Libido des Sexualtriebs als Lethe bezeichnet. Die unzureichende Differenzierung von Ich und Selbst und die nicht ausgearbeitete Konzeptualisierung des Erhaltungstriebs führten Freud in die Schwierigkeit, beide Primärtriebe zu unterscheiden. Diese Verwirrung setzte sich bei der 1920 veränderten Trieblehre (Freud, 1920) fort. Der Selbsterhaltungstrieb erfuhr den Verlust seiner Eigenständigkeit und seiner antagonistischen Position zum Sexualtrieb, »während die Aggression, die bis dahin ein Potential beider Triebe gebildet hatte, zum Repräsentanten des Todestriebs und Gegenspieler des Eros erhoben wurde. Nachfolgende Entwicklungen (z. B. Grunberger, Green, Kohut, Kernberg) haben von daher kommend das Konzept des Narzissmus unterschiedlich interpretiert« (Schmidt-Hellerau, in Vorb.).

3 Narzissmus im Verständnis unterschiedlicher psychoanalytischer Theorien

Die nachfolgenden vier Grundannahmen greifen Freuds Teilaspekte des Narzissmus wieder auf und zeigen deren jeweils besondere Betonung in einzelnen psychoanalytischen Theorien. Dabei operieren manche Theorien durchaus mit zwei oder mehr Grundannahmen, aber mit einschlägigen Schwerpunkten. Die Grundannahme *primärer Narzissmus* trägt Freuds Verständnis des Narzissmus als Entwicklungsphase Rechnung, die zweite Grundannahme der Bedeutung der *Objektbeziehungen* für die Entwicklung des Narzissmus, wobei hier auch eine entwicklungspsychologische Annahme gemacht wird. Hinsichtlich der *Selbstregulation* ist der Bezug zu Freuds genannten Teilaspekten offensichtlich (Narzissmus als Selbstwertregulation), während die Grundannahme *Intersubjektivität* der Tatsache der gegenseitigen objektalen Bezogenheit Rechnung trägt. Insofern werden hierbei ein entwicklungspsychologisches Modell, die Art und Weise der Objektbeziehung und auch die Selbstwertregulation eingeschlossen.

3.1 Grundannahme primärer Narzissmus

Ich-Psychologie

In der ichpsychologischen Tradition wird ebenso wie bei Freud von einem primären Narzissmus ausgegangen. Nach Mahler, Pine und Bergman (1978) durchläuft der Säugling ein frühes narzisstisches Stadium, durch Autismus gekennzeichnet, mit nachfolgender Symbiose. In diesen Stadien ist er nicht oder kaum objektbezogen und nimmt die Außenwelt nicht als solche wahr. Allerdings näherte sich Mahler gegen Ende ihres Lebens den Forschungsergebnissen von Stern (1985) an und sprach anstatt von Autismus und Symbiose von »Erwachen« (zit. n. Stern, 1985/1992, S. 327).

Spitz (1965) sprach von einer objektlosen Stufe. Der narzisstische Charakter ist nach Mahler et al. (1978) Folge einer Entwicklungsstörung im Separations-Individuationsprozess mit fehlender Aufgabe der kindlichen Omnipotenz, Perfektionsansprüchen und Unfähigkeit zur Ambivalenz. Hieraus entwickelt sich der bekannte Wechsel zwischen Omnipotenz- und Minderwertigkeitsgefühlen bei narzisstischen Persönlichkeitsstörungen. Kernberg, dessen Verständnis des Narzissmus und seiner Störungen später geschildert wird, nimmt auf Mahler Bezug.

Auch Heinz Kohut war ursprünglich ichpsychologisch orientiert und wie Freud ein Vertreter des Konzepts des primären Narzissmus (Kohut, 1966), hat diese Vorstellung jedoch im Zuge seiner Theoriebildung verlassen in Richtung einer von Anfang an bestehenden Objekt- bzw. Selbstobjektbeziehung.

Béla Grunberger

Auch Grunberger (1971) geht von der Annahme eines primären Narzissmus aus, allerdings setzt er dieses postnatale Stadium gleich mit dem pränatalen Zustand. Die pränatale Existenz wird mit allen Attributen der Glückseligkeit verbunden, und demgemäß ist dort das Paradies, in das der Mensch zurückwill. Dies ist natürlich mit der Aufgabe des Lebens verbunden, sodass sich hierin bereits eine destruktive Seite des Narzissmus manifestiert. Besonders deutlich wird die letale Komponente des Narzissmus (Grunberger, 1988) bei narzisstischer Traumatisierung. Grunberger (1971) spricht von einer Dialektik Trieb–Narzissmus. Die Triebe seien die Gegner des Narzissmus, der Narzissmus habe eine eigene psychische Dimension. Der »Narzissmus [folgt] während seines ganzen Daseins einer Linie, die parallel zur Triebentwicklung verläuft« (Grunberger, 1971/1976, S. 11), und er ist gleichwohl wie ein Trieb strukturiert, weil er schon vorgeburtlich und damit vor der Entwicklung des Ich bereits vorhanden ist. Nach Grunberger kommt es darauf an, den Narzissmus *in die Trieb-*

entwicklung zu integrieren. Der Narzisst wird von Grunberger mit dem Fetus verglichen, der eine parasitäre Existenz ohne Abhängigkeitsgefühle und mit ausgeprägten Omnipotenzvorstellungen führe. Das Neugeborene klammert sich nach Grunberger an die Mutter, um den pränatalen narzisstischen Zustand zu verlängern, und die Mutter ermöglicht die Integration in ein neues postnatales Universum auf triebhafter Grundlage.

In seinen Formulierungen über den Narzissmus bleibt Grunberger oft unklar und widersprüchlich. Die Vorstellung eines pränatalen Paradieses wirkt eher mystifizierend und wird den empirischen Untersuchungen dieses Stadiums heute nicht mehr gerecht (Evertz, Janus u. Linder, 2016). Auf der anderen Seite hat er eine eigenständige Entwicklungslinie konzipiert, ähnlich wie Kohut.

3.2 Grundannahme primäre Objektbeziehung

Wie oben dargestellt, kommen hier theoretische Positionen zum Zug, die von Geburt an die Objektbeziehung anstatt des primären Narzissmus als Ausgangspunkt der weiteren Entwicklung betrachten.

Sándor Ferenczi

Als Vorläufer späterer Theorien zur primären Objektbeziehung ist zunächst Ferenczi (1913) zu nennen, der zwar auch von einem primären Narzissmus ausgeht, diesen jedoch nicht als notwendig zu überwindendes Stadium auf dem Weg zum Objekt ansieht. Die frühen »Allmachtsstadien der Erotik« (Ferenczi, 1913/1984, S. 79) bleiben neben der Objekterotik erhalten, schwächen sich jedoch allmählich durch die zunehmende Anerkennung der Realität ab.

Michael Balint

Ferenczis Schüler Balint (1969) ersetzt den primären Narzissmus durch seinen Begriff der *primären Liebe* und postuliert damit ein zwingendes Bedürfnis des Säuglings, geliebt zu werden, dessen Frustration entweder sekundären Narzissmus hervorruft oder das Kind zu aktiver Objektliebe veranlasst, um auf diesem Weg wiederum selbst geliebt zu werden. Balints *Grundstörung* (Balint, 1970) erfasst sicherlich einen Teil der Symptomatik, die sonst auch bei narzisstischen Persönlichkeitsstörungen beschrieben wird, nämlich Gefühle der Leere, Verlorenheit, des Abgestorbenseins und der Sinnlosigkeit. Inwieweit Balints Konzept einer primären Liebe wirklich etwas anderes beschreibt als einen primären Narzissmus, bleibt fraglich. Schließlich geht es in beiden Fällen um einen harmonischen Primärzustand. Nach Henseler (1986) besteht der Unterschied nur darin, dass bei Annahme eines primären Narzissmus eine archaische Selbstrepräsentanz vor der Entstehung einer archaischen Objektrepräsentanz gebildet wird.

Melanie Klein

Klein (1962) geht von einem von Geburt an bestehenden Ich und einem primitiven Triebleben aus, welches sich in unbewussten Phantasien äußert. In der *paranoiden Position* (bis zum 6. Lebensmonat) werden durch Interaktion mit der primären Bezugsperson mittels Introjektion, Projektion sowie introjektiver und projektiver Identifizierung innere (Partial-)Objekte entwickelt, die unter dem Einfluss des Todestriebs in gute, idealisierte und böse, verfolgende (Partial-)Objekte gespalten werden, um den Säugling vor seinen eigenen vernichtenden unbewussten Phantasien zu schützen.

Nach Segal (1983), die sich auf Klein (1962) bezieht, sind *Neid und Narzissmus* zusammengehörig, da Narzissmus vor Neid schütze. Dies geschieht durch halluzinatorische Wunscherfüllung (narzisstischer Rückzug auf ein inneres Objekt) und damit einhergehender Verleugnung frustrationsbedingter Aggression. Die gute Brust wird so vor zerstörerischem Neid geschützt. Der Narzissmus als spätere Persönlichkeitspathologie entsteht in der paranoiden Position und kann nur durch Deutungsarbeit, die diese Ebene (den psychotischen Kern) erreicht, modifiziert werden. Segal unterscheidet noch den einfachen narzisstischen Rückzug von der narzisstischen Charakterstruktur und versteht Letztere als defensive Organisation zur Abwehr des Neides.

Problematisch ist hierbei aus meiner Sicht die intentionale Zuschreibung der Verursachung schlechter Gefühle beim Objekt durch den Säugling in einem Entwicklungsstadium, in dem dieser noch gar nicht in der Lage ist, die Handlungen anderer mentalistisch zu repräsentieren. Auch die angenommenen frühen Spaltungsvorgänge und Partial-Objektbeziehungen fallen unter diese Kritik. Diese Begriffe mögen zwar heuristisch sinnvoll sein, haben aber nach den Ergebnissen der Forschung zur Mentalisierungsentwicklung rein metaphorische Bedeutung.

Donald W. Winnicott

Ähnlich wie Klein betont auch Winnicott das Vorhandensein einer primären Objektbeziehung und deren Bedeutung für die Selbstentwicklung. Während jedoch Klein die Entwicklung der Objektbeziehungen von der Triebbesetzung abhängig macht, ist Winnicott der Auffassung, dass die Objektbeziehungen wesentlich durch die Responsivität des Objekts gestaltet werden, das heißt in seinen Worten, ob eine *hinreichend gute Mutter* die Pflegefunktion ausübt. Dadurch, dass der Säugling die Mutter als subjektives Objekt wahrnimmt, wird diese in ihrer Pflegefunktion bestärkt (Winnicott, 1965a).

Für narzisstische Persönlichkeitsstörungen bedeutsam ist Winnicotts Konzept des *wahren und falschen Selbst* (Winnicott, 1965b). Ein wahres Selbst entwickelt sich durch eine hinreichend empathische und fürsorgliche Umwelt. Es geht dabei um die Anerkennung der Einzigartigkeit des Kindes und seiner Kreativität. Das falsche Selbst entwickelt sich als Reaktion auf das Versagen einer haltenden Umwelt, führt zu unsicherer Autonomie und zur Absicherung durch Omnipotenzphantasien. Hieraus entwickeln sich Selbstüberschätzung und Größenphantasien bei Verleugnung von Unsicherheit und Depression als Symptome narzisstischer Störungen.

3.3 Grundannahme Selbstregulation

Eine Betrachtung des Narzissmus unter rein libidinösen Gesichtspunkten verleitet zu einer Gleichsetzung pathologischer Phänomene im Erwachsenenalter mit normalem Verhalten von Säuglingen. Die unterschiedlichen Entwicklungsvoraussetzungen werden nicht hinreichend bedacht. Es hat deshalb auch Versuche gegeben, den Narzissmus von der Triebtheorie abzulösen und die Selbstwertregulation mehr in den Mittelpunkt zu stellen.

Zunächst haben Joffe und Sandler (1967) den gesunden Narzissmus als einen idealen Zustand von Wohlbefinden angesehen, der am stärksten durch die Triebe bedroht ist. Hier ergeben sich gewisse Ähnlichkeiten mit Grunberger (1971), nach dessen Auffassung die pränatal abwesenden Triebe als Gegner des narzisstischen Zustands einer pränatalen Glückseligkeit betrachtet werden. Betont wird bei Joffe und Sandler das Streben nach Sicherheit, Geborgenheit und Wohlbefinden, das abhängig ist von der Übereinstimmung des Ideal-Selbst mit dem Real-Selbst. Narzisstische Störungen sind Folge einer Differenz beider Repräsentanzen, und es besteht die Motivation zur Herbeiführung eines Gleichgewichts. Köhler (1978) kritisiert, dass bereits (Real-)Selbst und Ideal-Selbst pathologisch oder defekt sein können, insbesondere wenn man die Entwicklungsvoraussetzungen eines gesunden Selbst und Ideal-Selbst betrachtet.

Die Betonung der Regulationsvorgänge im Selbst (Joffe u. Sandler, 1967) wird von Deneke (1989) weiter ausgeführt. Der Kern narzisstischer Vulnerabilität zeige sich in einer Verkehrung von Passivität und Hilflosigkeit hin zu Aktivitätssuche, Kontingenz, Kontrolle, Kohärenz und Reziprozität als Versuch der narzisstischen Regulation. Unschwer kann man hier auch Bezüge zu Morfs und Rhodewalts (2006) Regulationsmodell des Narzissmus herstellen.

Holder und Dare (1982, S. 794 f.) definieren Narzissmus nicht mehr durch libidinöse Besetzung, sondern als wesentlich abhängig von Objektbeziehungen und zugehörigen körperlichen Erfahrungen des Säuglings. Mit Narzissmus meinen sie »die Summe der positiv gefärbten Gefühlszustände, die mit der Vorstellung des Selbst (der Selbstrepräsentanz) verbunden werden«. Wohlbefinden stelle sich dann ein, wenn diese positiven Aspekte des Selbstwertgefühls die negativen überwiegen. Diese Auffassung eines psychischen Regulationsprinzips, welches das Streben nach Wohlbefinden und Sicherheit als basale Motivatoren des Lebens anerkennt, kommt Kohuts motivationalem Primat des Selbst schon sehr nahe. Allerdings galt der Narzissmus schon für Lichtenstein (1964) als Motor für die Herstellung der Identitätsbalance. Lichtenstein spricht von einer primären Identität, die durch die responsive Erfahrung mit der Mutter zustande kommt, und nennt die Spiegelerfahrung dieser frühen Identität narzisstisch. Auch Bergler (1949) hielt die Erhaltung eines kohäsiven Selbstgefühls für wichtiger als libidinöse Befriedigungen.

3.4 Grundannahme Intersubjektivität

Bereits die verstärkte Auseinandersetzung mit der Selbstregulation hat den Blick auf das Objekt gelenkt, was diese Selbstregulation unterstützt. Jetzt geht es um die bereits von Anfang des Lebens an vorhandene Gegenseitigkeit, die in unterschiedlichem Ausmaß und abhängig von der Entwicklung eine Selbstzustandsregulation beider Partner ermöglicht (Säugling bzw. Kleinkind und seine relevante Bezugsperson oder auch Patient und Therapeut).

Historisch sind spätestens durch die Ergebnisse der Säuglingsforschung (Stern, 1985; Dornes, 1993) die freudschen Konzepte eines primären Narzissmus und einer autoerotischen Phase ebenso wie die autistische Phase bei Mahler infrage gestellt worden. Vielmehr wurde die intersubjektive Austauschbeziehung zwischen primärer Bezugsperson und Säugling vielfach belegt (Beebe u. Lachmann, 2004; siehe Abbildung 1). Im Zusammenhang mit dieser veränderten Sichtweise der frühen Beziehung hat sich auch die Wahrnehmung der Subjektentwicklung in Philosophie und Soziologie sowie Psychoanalyse (Stolorow, Brandchaft u. Atwood, 1996; Benjamin, 1988) verändert und zur Annahme eines intersubjektiv-kontextuell verfassten Konstitutionsprozesses der Persönlichkeit geführt, bei dem es keinen Sinn ergibt, Narzissmus deskriptiv-intrapsychisch auf Symptomebene darzustellen. Vielmehr benötigt man zu einem tieferen Verständnis und daraus abgeleiteten therapeutischen Interventionen ein möglichst angemessenes kognitiv-affektives sowie intersubjektives Entwicklungsverständnis von Narzissmus.

Schon bei Winnicott ist Narzissmus nicht ohne die Spiegelung des anderen denkbar. Altmeyer (in Vorb.) spricht von einer intersubjektiven Abhängigkeit, »die der Narzissmus verbirgt und zugleich enthüllt, anerkennt und zugleich verleugnet, ganz gleich, ob das andere Subjekt nun insgeheim bewundert, begehrt, geliebt, beneidet oder gehasst wird«. Das Wahrgenommenwerden spielt natürlich auch in der therapeutischen Beziehung eine wesentliche Rolle, wie später in Kapitel 8 geschildert wird. So ist die narzisstische Spiegelung »gar keine reine Selbstbespiegelung, weil sie den Umweg über einen anderen nimmt, der den Spiegel hält. Der Spiegel ist eine Metapher für Intersubjektivität [... und] Identität wurzelt vielmehr in einer Folge bedeutsamer zwischenmenschlicher Begegnungen« (Altmeyer, in Vorb.).

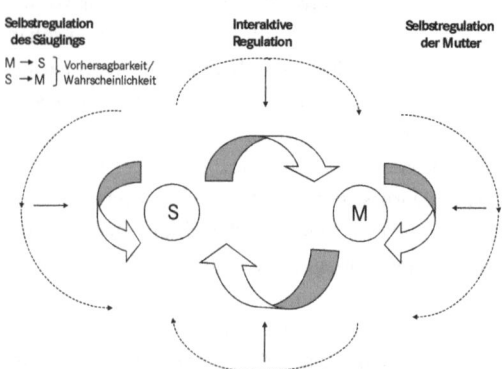

Die Pfeile geben die Richtung der Vorhersage (Koordination oder Einfluss) zwischen den Partnern an. Die gestrichelten Pfeile repräsentieren die Geschichte des Vorhersagemusters.

Abbildung 1: Systemisches Interaktionsmodell (modifiziert nach Beebe u. Lachmann, 2004, S. 43)

4 Diagnostik und Klassifikation der narzisstischen Persönlichkeitsstörung

Testdiagnostisch wurde lange Zeit international das NPI (Narcissistic Personality Inventory) verwendet, was jedoch die Trait-Variable narzisstische Persönlichkeitsstörung kategorial misst und nicht für eine dimensionale Sichtweise auf den Narzissmus brauchbar ist, bei der die scharfe und auch künstliche Trennung zwischen gesunden und persönlichkeitsgestörten Menschen nicht vorgenommen wird. Außerdem hat sich herausgestellt, dass die kategoriale Sichtweise zur Diagnose vielfältiger Komorbidität führt, wodurch die Validität des kategorial orientierten DSM-IV (1996) hinsichtlich Persönlichkeitsstörungen erheblich gelitten hat.

Interviewmethoden wie das Strukturierte Klinische Interview für DSM-IV, Achse-II-Persönlichkeitsstörungen (SKID-II) ermöglichen eine kategoriale und auch dimensionale Betrachtung, während die Shedler-Westen Assessment Procedure (SWAP) eine prototypische Betrachtungsweise entsprechend den Untersuchungen von Russ, Shedler, Bradley und Westen (2008) erlaubt (siehe Kapitel 4.1).

4.1 Testdiagnostik

Im deutschsprachigen Raum steht seit 1989 das Narzissmus-Inventar für die Diagnostik relevanter Bereiche der Organisation und Regulation narzisstischer Persönlichkeitsstörungen zur Verfügung (Deneke u. Hilgenstock, 1989). Faktorenanalytisch wurden vier Dimensionen konzipiert: *das bedrohte Selbst*, welches sich auf die Instabilität des Selbst bezieht (mit den acht Subskalen ohnmächtiges Selbst, Affekt-/

Impulskontrollverlust, Derealisation/Depersonalisation, basales Hoffnungspotenzial, Kleinheitsselbst, negatives Körperselbst, soziale Isolierung, archaischer Rückzug), *das »klassisch« narzisstische Selbst*, welches sich auf Kohuts (1979) Selbsttheorie bezieht (mit den Subskalen Größenselbst, Sehnsucht nach dem idealen Selbstobjekt, Gier nach Lob und Bestätigung, narzisstische Wut), *das idealistische Selbst*, welches zum Teil an Kernbergs (1975) Beschreibungen der narzisstischen Persönlichkeitsstörung erinnert (mit den vier Subskalen Autarkie-Ideal, Objektabwertung, Werte-Ideal, symbiotischer Selbstschutz), und *das hypochondrische Selbst*, welches sich auf den Körper konzentriert (mit den zwei Subskalen hypochondrische Angstbindung und narzisstischer Krankheitsgewinn).

Die Autoren gehen von einem lebenslang wirksamen, sich komplex regulierenden und vielfältig verknüpften Selbstsystem aus, welches motivational durch zwei gegensätzlich wirksame Prinzipien (Streben nach spannungsfreier Ruhe, Streben nach Stimulierung oder Unruhe) bestimmt wird. Die theoretischen Begründungen leiten sie von Joffe und Sandler (1967) (siehe Kapitel 3.3), Holder und Dare (1982) sowie Kohut (1969) und Kernberg (1975) ab.

International fußt die zu den einschlägigen Klassifikationen führende Testdiagnostik weitgehend auf dem Narcissistic Personality Inventory (dt. Schütz, Marcus u. Sellin, 2004), was einseitig die im Folgenden (S. 29 ff.) dargelegte grandiose Seite des Narzissmus misst. Es werden fünf Faktoren abgefragt (Autorität, Selbstsuffizienz, Superiorität, Exhibitionismus und Ausbeutung), die den Inhalt des Begriffs Narzissmus abbilden sollen. Ein komplexeres Bild ergibt sich bei Anwendung der Shedler-Westen Assessment Procedure II (Russ et al., 2008). Mithilfe dieses Verfahrens konnten die unterschiedlichen Facetten der narzisstischen Persönlichkeitsstörung gut unterschieden werden.

4.2 Klassifikation

Narzisstische Persönlichkeitsstörungen werden auch heute noch in der Psychoanalyse aufgrund theoretisch und therapeutisch unterschiedlicher Zugangswege mit zum Teil fast gegensätzlichen Interventionen behandelt. Die Phänomene des Narzissmus sind nun aber so weit verbreitet, dass diese Unterschiede erhebliche Relevanz haben. Immerhin gehen aktuelle Untersuchungen von einer Lebenszeitprävalenz von etwa 6 Prozent aus, wobei Männer mit 7,7 Prozent fast doppelt so häufig wie Frauen (4,8 Prozent) betroffen sind (Stinson et al., 2008). Bei Jugendlichen treten narzisstische Züge besonders häufig auf, ohne dass dadurch auf eine zukünftige narzisstische Persönlichkeitsstörung geschlossen werden kann (Seiffge-Krenke, in Vorb.).

Subtypen der narzisstischen Persönlichkeitsstörung

Die Subtypen sind klinisch bereits lange bekannt (Gabbard, 1989, 2006; siehe Tabelle 1). Hinweise dafür liegen mittlerweile auch empirisch vor (u. a. Zeigler-Hill, Clark u. Pickard, 2008). Idealtypisch kann man zwischen *offenem* und *verdecktem* Narzissmus, *dünnhäutigem/dickhäutigem* Narzissmus oder *unbeirrtem/hypervigilantem* Narzissmus unterscheiden. 2008 wurde ergänzend in der Arbeit von Russ et al. ein dritter Typus angeführt (»*high-functioning/exhibitionistic*«): Der erste Typus (grandios/maligne) ist durch Manipulation charakterisiert, minimale Reaktion auf andere, Gefühl der Berechtigung, Aggression, will Macht und Kontrolle über andere, Neid tritt nicht auf. Eine Behandlung dieses Typus ist erschwert durch Einsichtsmangel und manchmal fehlende Erfahrung von Angst und Depression. Hier bestehen Übergänge zur antisozialen Persönlichkeit, insbesondere wegen der Fähigkeit zu beachtlicher feindlicher Aggression. Der zweite Typus (fragil) leidet am meisten, weil seine Abwehr oft nicht ausreicht und als Folge narzisstische Wut entsteht. Der dritte Typus (high-functioning/exhibitionistic) bietet im Vergleich zum ersten deutlich günstigere Voraussetzungen für eine Behandlung, weil seine Grandiosität oft verbunden ist mit Introspektion und Behandlungsmotivation. Exhibitionismus bezieht sich dabei auf die einschlägigen Beschreibungen des ICD-10 (Dilling, Mombour u. Schmidt, 1991), ohne dass es hier um Einsichtsmangel und Über-Ich-Einschränkungen geht wie beim grandios-malignen Typus.

Tabelle 1: Zwei Typen narzisstischer Persönlichkeitsstörungen (modifiziert nach Gabbard, 1989, 2006)

Der unbeirrte Narzisst	Der hypervigilante Narzisst
Ist sich der Reaktionen anderer nicht gewahr	Ist höchst sensibel gegenüber Reaktionen anderer
Ist arrogant und aggressiv	Ist gehemmt, scheu oder sogar übertrieben bescheiden
Ist mit sich selbst beschäftigt, egozentrisch	Lenkt Aufmerksamkeit mehr auf andere als auf sich selbst
Braucht es, im Zentrum der Aufmerksamkeit zu stehen	Vermeidet es, im Zentrum der Aufmerksamkeit zu sein
Hat einen »Sender, aber keinen Empfänger«	Hört anderen sorgfältig zu, um Anzeichen für Kränkungen und kritische Äußerungen nicht zu übersehen
Ist offensichtlich unempfindlich gegenüber Kränkungen durch andere	Fühlt sich leicht gekränkt; neigt dazu, sich beschämt oder gedemütigt zu fühlen

In einer neueren Arbeit haben Pincus und Lukowitsky (2010) die Dichotomie von offenem (grandiosem, unbeirrtem) und verdecktem (vulnerablem, hypervigilantem) Narzissmus bestätigt. Darüber hinaus sind sie der Auffassung, dass es sowohl beim grandiosen (unbeirrten) Typus als auch beim vulnerablen (hypervigilanten) Typus jeweils eine offene und verdeckte Form des jeweiligen Narzissmus gibt. Denn klinisch beschreiben Patienten einen Wechsel ihrer vulnerablen und grandiosen Symptome (Phänotyp) in Bezug auf deren Expressionsform (offen/verdeckt). Im Laufe eines therapeutischen Prozesses können natürlich grandiose Phantasien deutlicher und damit offen werden, die vorher nicht in Erscheinung getreten sind. Umgekehrt gilt dies auch für den unbeirrten Narzissmus. Beispielhaft zeigt sich grandioser Narzissmus in nachfolgender Fallvignette.

Fallvignette 1

Herr B., ein promovierter Lehrer Anfang fünfzig, kommt zum Erstgespräch zu mir, da er eine Empfehlung von einem Kollegen in Hamburg erhalten habe (schon hier deutet sich sowohl eine Idealisierung, aber auch Anspruchlichkeit des Patienten an). Gegen Ende der ersten Stunde trägt er seinen Wunsch vor, die nächste Stunde aufzuzeichnen. Ich zögere für einen Moment, fühle mich kontrolliert und unter Druck gesetzt, stimme dann aber zu, da ich den Patienten nicht vorzeitig abweisen, sondern das weitere Geschehen zunächst verstehen will. In der nächsten Stunde baut Herr B. sein Aufnahmegerät auf dem kleinen Tisch zwischen unseren Sesseln auf. Einen Tag nach dieser Sitzung erhalte ich eine E-Mail, in der Herr B. mir mittels Protokoll dezidiert nachweist, wo ich ihn falsch verstanden und unpassende Kommentare gegeben habe. Seine Kritik kann ich nachvollziehen und bestätige ihm dies in der darauffolgenden Stunde mit dem gleichzeitigen Hinweis, die Bedeutung des Geschehens explorieren zu wollen. Herr B. reagiert mit arroganter Zufriedenheit, und ich entwickele Gefühle von Ungenügen. Die weitere Therapie ist über lange Strecken gekennzeichnet von seinen egozentrischen Berichten, in denen er alle Aufmerksamkeit auf sich versammelt und wenig Neigung zu reflexiver Selbstbeschäftigung zeigt.

Im Unterschied hierzu verhielt sich ein stationärer Psychotherapiepatient mit chronischer Alkoholabhängigkeit deutlich empfindlicher. Hier zeigt sich beispielhaft der vulnerable Narzissmus:

Fallvignette 2

Herr A., ein etwa Ende fünfzig alter braun gebrannter Patient und Frauenschwarm der Station, wurde während einer oberärztlichen Visite in Gegenwart des Behandlungsteams von mir über seinen Zustand befragt. Äußerlich wirkte er gereizt, wünschte ein umfassendes Verständnis seiner Lage, ohne selbst Wesentliches über sich verlautbaren zu lassen. Noch am selben Nachmittag erhielt ich einen Anruf der Station, in dem mir mitgeteilt wurde, dass jener Patient sehr unzufrieden über das Gespräch mit mir gewesen sei und möchte, dass ich umgehend ein Gespräch mit ihm führe. Für mich hörte sich dieses Verlangen so an, als würde der Patient mich (als Chefarzt der Klinik) zu einer Audienz laden. Ich folgte in Erwartung seiner vermuteten Empfindlichkeit der Einladung und besuchte ihn auf der Station. Gleich zu Beginn unseres Gesprächs warf mir der Patient in aggressivem Tonfall mein völliges Unverständnis seiner Situation vor. Ich reagierte spontan damit, dass ich antwortete, es tue mir leid, ihn so missverstanden zu haben. Daraufhin brach der Patient in Tränen aus und zeigte mir im weiteren Verlauf seine Verletzlichkeit und sein geringes Selbstwertgefühl. Das Gespräch endete in einer Atmosphäre des zugewandten Verstehens.

Die in Tabelle 1 (S. 30) beschriebene Dichotomie, die anhand der Fallvignetten verdeutlicht worden ist, gibt annähernd die Kernaspekte narzisstischer Dysfunktionalität wieder, wie sie sich in den Theorien von Kohut und Kernberg darstellt. Pathologischer (Kernberg) bzw. archaischer (Kohut) Narzissmus ist phänotypisch einzuordnen in grandiosen bzw. vulnerablen Narzissmus. Es handelt sich um die Folge einer gestörten Selbstwert- und Affektregulation sowie die-

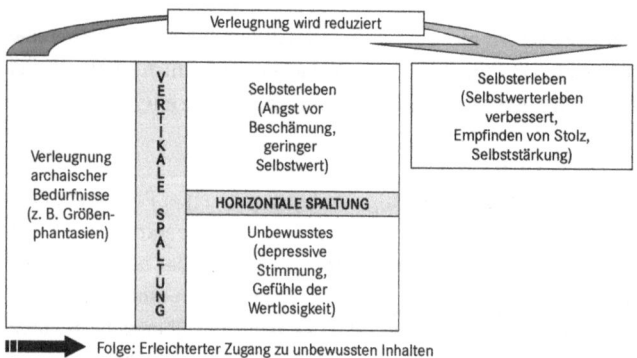

Abbildung 2: Vertikale und horizontale Spaltung

ser zugrunde liegender intersubjektiver Prozesse. Kohut betont die Vulnerabilität; defensive Grandiosität erscheint bei ihm als Produkt der vertikalen Spaltung (siehe Abbildung 2). Kernberg betont die Grandiosität und versteht diese ebenfalls als Abwehrstruktur. Seine Beschreibung entspricht am ehesten der DSM-IV-Definition der narzisstischen Persönlichkeitsstörung. Vulnerabilität findet bei ihm keine wesentliche Beachtung. Im DSM-IV (1996) und im ICD-10 (Dilling et al., 1991) werden nahezu identische Beschreibungen der narzisstischen Persönlichkeitsstörung dargestellt, allerdings ganz überwiegend des unbeirrten, dickhäutigen und offenen Narzissmus. Die Gründe dafür wurden im Abschnitt 4.1, S. 27 f. zur Testdiagnostik erläutert.

Einordnung der narzisstischen Persönlichkeitsstörung im DSM-5

Auch im DSM-5 (Falkai u. Wittchen, 2015; siehe Kasten auf S. 34) haben sich die diagnostischen Kriterien im Teil II nicht geändert (kategoriale Einteilung in zehn Persönlichkeitsstörungen). Dagegen gibt es im alternativen DSM-5-Modell, Teil III, nur noch sechs Persönlichkeitsstörungen, und diese werden unter Bezug auf überdauernde Persönlichkeitszüge (Traits) hinsichtlich des Funktionierens des Selbst (Ausmaß der Identitäts- und Selbstkonzeptintegration, Selbstkontrolle) und interpersonell (Empathie, Intimität und Kooperationsbereitschaft, Integration mentaler Repräsentation von anderen), also dimensional, sowie bezüglich pathologischer Merkmalsdomänen (spezifische Merkmale) definiert.

Bei der narzisstischen Persönlichkeitsstörung werden eine Reduktion des Funktionsniveaus der Persönlichkeit (mittelgradig oder stärker) mit Schwierigkeiten in mindestens zwei von vier Bereichen (Identität, Selbststeuerung, Empathie, Nähe) sowie das Vorliegen der zwei problematischen Persönlichkeitsmerkmale Grandiosität und Suche nach Aufmerksamkeit, beide Bestandteile der Merkmalsdomäne Antagonismus (vs. Verträglichkeit), als spezifisch betrachtet. Bei dieser Merkmalsgruppe geht es um Verhaltensweisen, wodurch die betroffene Person in Widerspruch zu anderen kommt, die eigene Wichtigkeit überschätzt, verbunden mit der Erwartung einer besonderen Behandlung. Zugleich zeigen diese Personen eine kaltherzige Abneigung gegenüber anderen mit mangelnder Berücksichtigung von deren Bedürfnissen und Gefühlen und einer Neigung, andere zum Zweck der Selbsterhöhung zu benutzen.

Merkmale der narzisstischen Persönlichkeitsstörung (301.81; DSM-5, Teil II, Falkai u. Wittchen, 2015):

Ein tief greifendes Muster von Großartigkeit (in Phantasie oder Verhalten), Bedürfnis nach Bewunderung und Mangel an Empathie. Der Beginn liegt im frühen Erwachsenenalter und zeigt sich in verschiedenen Situationen.
Mindestens fünf der folgenden Kriterien müssen erfüllt sein:

(1) hat ein grandioses Gefühl der eigenen Wichtigkeit (übertreibt z. B. die eigenen Leistungen und Talente; erwartet, ohne entsprechende Leistungen als überlegen anerkannt zu werden),
(2) ist stark eingenommen von Phantasien grenzenlosen Erfolgs, Macht, Glanz, Schönheit oder idealer Liebe,
(3) glaubt von sich, »besonders« und einzigartig zu sein und nur von anderen besonderen oder angesehenen Personen (oder Institutionen) verstanden zu werden oder nur mit diesen verkehren zu können,
(4) verlangt nach übermäßiger Bewunderung,
(5) legt ein Anspruchsdenken an den Tag, d. h. übertriebene Erwartungen an eine besonders bevorzugte Behandlung oder automatisches Eingehen auf die eigenen Erwartungen,
(6) ist in zwischenmenschlichen Beziehungen ausbeuterisch, d. h. zieht Nutzen aus anderen, um die eigenen Ziele zu erreichen,
(7) zeigt einen Mangel an Empathie: ist nicht willens, die Gefühle und Bedürfnisse anderer zu erkennen oder sich mit ihnen zu identifizieren,
(8) ist häufig neidisch auf andere oder glaubt, andere seien neidisch auf ihn/sie,
(9) zeigt arrogante, überhebliche Verhaltensweisen oder Haltungen.

Bei der antisozialen Persönlichkeitsstörung kommen neben weiteren problematischen Persönlichkeitsmerkmalen der Domäne Antagonismus (Neigung zur Manipulation, Gefühlskälte, Unehrlichkeit und Feindseligkeit) noch Facetten der Domäne Enthemmtheit (Neigung zu riskantem Verhalten, Impulsivität, Verantwortungslosigkeit) hinzu. Dabei ist das Merkmal Feindseligkeit gleichzeitig auch der Domäne negative Affektivität (vs. emotionale Stabilität) zugehörig.

Die Einschätzung des Funktionsniveaus ist vergleichbar mit derjenigen des Strukturniveaus in der OPD (Arbeitskreis OPD, 2006) und mit Kernbergs Auffassungen, wo es ebenfalls um die Einschätzung des Organisationsniveaus der Persönlichkeit geht und die narzisstische Persönlichkeitsstörung auf einem mittleren Niveau angesiedelt wird, maligner Narzissmus und antisoziale Persönlichkeit jedoch deutlich niedriger. Der Bezug auf das Funktionsniveau erlaubt eine bessere Einschätzung der Schwere und Behandelbarkeit als die reine Merkmalsorientierung.

4.3 Weiblicher Narzissmus

In den letzten Jahren wurde die überwiegend bei Männern diagnostizierte narzisstische Persönlichkeitsstörung insbesondere in ihrer vulnerablen Spielart als weiblicher Narzissmus bezeichnet (Boothe, in Vorb.; Wardetzki, 2012). Gleichwohl findet sich diese Ausprägung der narzisstischen Persönlichkeitsstörung auch bei Männern, und zwar überwiegend bei denjenigen, die überhaupt eine psychotherapeutische Behandlung aufsuchen. Der weibliche Narzissmus lässt sich allerdings schon bei Blatt und Blass (1992), bezogen auf spezifische Formen von Beziehungen, illustrieren (siehe Kapitel 10, S. 51 ff.). Hier sind es häufiger Frauen, die sich intensiv mit ihren Beziehungen auf Kosten ihres Selbstgefühls beschäftigen. Blatt und Blass (1992) sprechen von *anaklitischer Psychopathologie,* bei der ein eher fragiles Selbstgefühl primär ist, was durch interpersonelle Beziehungen stabilisiert wird. Leicht ist hier der vulnerable Narzissmus erkennbar. Der häufiger bei Männern auftauchende grandiose Narzissmus steht dagegen in Verbindung mit einer *introjektiven Psychopathologie*, bei der die Männer erhebliche Anstrengungen unternehmen, um ihr Selbst auf Kosten ihrer Beziehungen zu konsolidieren. Das heißt, dass Menschen mit vulnerablem Narzissmus unfähig sind, ein grandioses Selbstgefühl aufrechtzuerhalten oder Leistung und Konkurrenz zu seiner Stabilisierung nutzen. Stattdessen werden interpersonelle Beziehungen als Mittel zur Erreichung eines positiven Selbstgefühls genutzt. Umgekehrt fühlen sich grandiose Narzissten durch interpersonelle Probleme in ihrem Selbstgefühl weniger bedroht und stabilisieren sich durch Leistung und Konkurrenz.

Narzissmus bei Frauen manifestiert sich häufig in Form kollusiver Paarbeziehungen, in denen Frauen ko-narzisstisch vom grandiosen Narzissmus ihrer Partner profitieren können. Grandiosen Narzissmus bei Frauen beschreibt Boothe (in Vorb.) als einschüchterndes Imponieren verbunden mit der »Darbietung einer betont femininen oder betont kraftvoll gestählten Körperlichkeit«, wobei »kühles Zielbewusstsein [sich] verbindet mit eindrucksvoller Freiheit in der Zurückweisung anderer Menschen, aber auch bei deren zweckbezogener Indienstnahme«.

5 Narzissmus bei Paaren und in Gruppen

Bei Paaren können narzisstische Bedürfnisse im Rahmen einer *narzisstischen Kollusion* (Willi, 2012) ausgelebt werden. Ein Partner, meist die Frau, kann dabei beispielsweise an der Grandiosität des anderen partizipieren, aber auch sich wie ein ko-süchtiger Mensch der Hoffnung hingeben, dass der andere sich bei entsprechender Pflege schon verändern und sich ihm/ihr zuwenden werde. Häufig spielen emotionale Vernachlässigungserfahrungen bei dem ko-narzisstischen, dependenten Partner eine wesentliche Rolle, die aufgrund pathologischer Akkommodation beim primär narzisstischen Partner wiederholt werden. Im weiteren Verlauf kommt es oft zu Konflikten, wenn der regressive, bewundernde Partner mit seinen Bedürfnissen nach Nähe nicht mehr zum Zug kommt, weil sich der narzisstische Partner gegen die Vereinnahmung zur Wehr setzt. Hier entsteht ein Teufelskreis, in dem beim regressiven Partner die Angst vor dem Verlassenwerden zunimmt und Kontrollbedürfnisse entstehen und beim narzisstischen Partner das Bedürfnis nach Befreiung aus der einengenden Beziehung wächst. Zugleich bleibt die bewundernde Reaktion des Partners mehr und mehr aus, das wiederum führt zur Bewunderungssuche außerhalb der Paarbeziehung, wodurch die Angst, verlassen zu werden, beim ko-narzisstischen Partner steigt.

Fallvignette

Frau C. lebte über viele Jahre mit einem erfolgreichen Manager zusammen, der sie nach jahrelanger Ehe immer wieder wie Dreck behandelte. Sie selbst war sehr vernachlässigt aufgewachsen, niemand hatte sich für ihre innere Welt interessiert, und dazu kamen noch bedrohliche Verlusterfahrungen.

Einmal hatte sie ihn angerufen, um sich mit ihm nach einer Auseinandersetzung zu treffen und zu versöhnen, als er ihr antwortete: »Mit welchem Stück Scheiße spreche ich eigentlich?« Andererseits war sie von seinem Charme und seinen sozialen Fähigkeiten im Umgang mit anderen fasziniert, und auch ihr gegenüber konnte er zeitweise sehr zugewandt sein. Trotz sich wiederholender Demütigungen bis hin zu körperlichen Attacken blieb sie mit diesem Mann zusammen und kündigte ihre Trennung immer wieder an, ohne sie zu vollziehen. Erst der Aufenthalt in einer psychosomatischen Klinik ermöglichte ihr, Abstand zu finden und sich zu trennen. Gleichwohl versuchte sie danach zu verstehen, warum sie so lange an der Beziehung festgehalten hatte.

In ähnlicher Weise können Menschen mit narzisstischer Persönlichkeitsstörung nicht nur schwierige Partner, sondern auch schwierige Gruppenmitglieder sein. Nach Karterud (in Vorb.) stört hier weniger deren konkurrierendes Verhalten, problematisch ist vor allem die von ihnen ausgehende soziale Dominanz, ihre mangelnde Fürsorge für die anderen Gruppenmitglieder und ihr potenzieller Ärger. Ein deutlich aggressives Gruppenmitglied kann zum Problem für die Gruppe werden und durch sein Verhalten Angst bei den anderen auslösen, eine destruktive Untergruppe aufbauen, die Gruppenleitung attackieren und eventuell sogar die Arbeit der ganzen Gruppe lähmen.

6 Das Verständnis der narzisstischen Persönlichkeitsstörung bei Kohut

Nach Kohut (1973, 1979, 1984) entwickelt sich der Narzissmus auf einer eigenen Entwicklungslinie von *archaischen* zu *reifen* Formen. Kohut nimmt keine Trennung von gesundem und pathologischem Narzissmus vor. Bei normaler Entwicklung zum reifen Narzissmus (d. h. zu reifen Selbstobjektbeziehungen) und intakter Selbstkohärenz erweitern sexuelle und aggressive Wünsche die Selbsterfahrung und bedrohen nicht wesentlich den Selbstzustand. Unter der Voraussetzung eines nicht kohärenten Selbst werden triebhafte Äußerungen als Sexualisierung, etwa die zwanghafte Onanie zur Erlangung größerer Selbstkohärenz (sich selbst spüren) bei schizophrenen Menschen, und Aggressivierung als Abwehr aufgefasst (Ornstein, 1993). Um eine solche Aggressivierung handelt es sich zum Beispiel bei frustrationsbedingten narzisstischen Wutzuständen bei Selbstobjektversagen. Dagegen werden nach Kernbergs Hypothese Wutzustände als Folge einer Fixierung auf triebbedingte orale Aggression betrachtet.

Bei Kohut geht es primär um archaische oder unreifere Formen von Selbstobjekterfahrungen (Spiegelung, Idealisierung, Alter Ego). Unter *Selbstobjekt* versteht Kohut (1973, 1979, 1984) diejenige Dimension unseres Erlebens eines Mitmenschen, die mit dessen Funktion als Stütze unseres Selbst verbunden ist. Das Selbstobjekt ist der subjektive Aspekt einer das Selbst erhaltenden Funktion, zustande gekommen durch die Beziehung zwischen Selbst und Objekt.

Unter der Annahme eines pathologischen Narzissmus würden Spiegelungs-, Idealisierungs- und Alter-Ego-(Gleichheits-)Bedürfnisse wie bei Kernberg als Abwehr angesehen. Kohut beschreibt jedoch gemäß seinen unterschiedlichen Vorannahmen narzisstische Persönlichkeitsstörungen in ganz anderen Worten als Kernberg. Nach Kohut handelt es sich um Patienten, die unter Gefühlen von Leere, Sinnlosigkeit oder Depression leiden, mit einem ungewöhnlich labilen Selbstwertgefühl, Neigung zu perversem, süchtigem oder delinquentem Verhalten (narzisstische Verhaltensstörungen), Mangel an Lebensfreude, Hypochondrie und Überempfindlichkeit gegen Zurücksetzungen (Kohut u. Wolf, 1978).

Im Unterschied zu Kernbergs Konzeption eines pathologischen Narzissmus, der seinen Ursprung in einer libidinösen Besetzung einer pathologischen Selbststruktur (frühe Spaltungen, siehe Abbildung 5) als Abwehr gegen übermäßige konstitutionelle oder frustrationsbedingte orale Aggression hat, geht Kohut von einer entwicklungspsychologischen Reifungsmöglichkeit beim *archaischen Narzissmus* aus. Das heißt, archaischer Narzissmus wird grundsätzlich nicht als pathologisch betrachtet. Vielmehr geht es Kohut um die Akzeptanz archaischer Bedürfnisse, die dadurch in der therapeutischen Beziehung »*nachreifen*« können, und zwar nicht durch Befriedigung, sondern durch Anerkennung, und auch nicht durch supportive Therapie, sondern durch Verstehen und Erklären (Ornstein u. Ornstein, 2001).

Kohuts *archaisches Selbst* ist gekennzeichnet durch unaufschiebbare Verschmelzungsbedürfnisse sowohl mit spiegelnden als auch mit idealisierten Selbstobjekten. Unvermeidliche Versagungen dieser Verschmelzungsbedürfnisse führen zu den normalen Ausgangsstrukturen des archaischen Selbst, dem Größenselbst und der idealisierten Elternimago (Übersicht bei Hartmann, 2014), von Kohut später als *bipolares Selbst* bezeichnet (1979). Im Verlauf der Selbstkonsolidierung durch optimale, das heißt unvermeidliche, aber noch erträgliche Frustration und damit einhergehende umwandelnde Verinnerlichung von Selbstobjektfunktionen treten die oben erwähnten unaufschiebbaren Verschmelzungsbedürfnisse in den Hintergrund, jedoch bleiben lebenslange Bedürfnisse nach Spiegelung, Idealisierung sowie Gleichheit (Alter Ego) bestehen, die im Rahmen der Verfolgung reifer narzisstischer Ziele und Ideale befriedigt werden können. Dieser *reife Narzissmus* bei Kohut zeichnet sich aus durch

Kreativität, Humor, Empathie, Akzeptanz der eigenen Vergänglichkeit und Weisheit (Kohut, 1984, S. 79). Kohut sieht die narzisstische Entwicklungslinie als primär und unabhängig von der Triebentwicklung an (archaisches Selbst zu reifem Selbst). Störungen in der strukturellen Entfaltung des bipolaren Selbst führen zu narzisstischen Persönlichkeitsstörungen.

7 Das Verständnis der narzisstischen Persönlichkeitsstörung bei Kernberg

Kernberg (1975) beschreibt *pathologischen Narzissmus* mit seinen drei Ausprägungsgraden und zunehmender Pathologie zuerst als narzisstische Persönlichkeitsstörung. Deren Hauptmerkmale bestehen aus: ausgeprägtem Ehrgeiz, grandiosen Phantasien, Unterlegenheitsgefühlen, übersteigerter Abhängigkeit von äußerer Bewunderung, chronischem Gefühl von Langeweile und Leere, ständiger Suche nach Macht, Reichtum und Schönheit, deutlichen Defizite der Liebesfähigkeit, stark eingeschränkter Empathie, ständiger Unsicherheit und Unzufriedenheit, Ausbeutung und Rücksichtslosigkeit gegenüber anderen, dauernder intensiver Anspruchlichkeit und Selbstbezogenheit sowie Misstrauen.

Unter *malignem Narzissmus* versteht Kernberg (2006) eine besondere Form der narzisstischen Persönlichkeit, die durch eine narzisstische Persönlichkeitsstörung, wie eben beschrieben, antisoziales Verhalten, ich-syntonen Sadismus gegen andere oder sich selbst sowie eine ausgeprägte paranoide Haltung mit Verfolgungserleben in Abwechslung mit Pseudoanpassung charakterisiert ist. Die *antisoziale Persönlichkeitsstörung* stellt in gewisser Weise eine Steigerung des malignen Narzissmus in Form einer weit primitiveren Charakterpathologie dar, bei der die Über-Ich-Pathologie noch ausgeprägter in den Vordergrund tritt – mit Verlust moralischen Empfindens, ausgeprägter Neigung zur Manipulation in Beziehungen und einer Dominanz von Hass sowie neidbedingter Zerstörungswut gegenüber »guten« Objekten. Spaltung herrscht als Abwehrmechanismus ganz überwiegend vor (Kernberg, 1984).

Für Kernberg (1975) ist der pathologische Narzissmus bei narzisstischer Persönlichkeitsstörung, malignem Narzissmus und antisozialer Persönlichkeitsstörung im Grunde sowohl eine Selbstwertstörung als auch verknüpft mit spezifischen Störungen der Objektbeziehungen – jeweils in spezifischer Ausformung entsprechend der Ausprägung des Organisationsniveaus. Die psychodynamischen Grundlagen dieser Störungen liegen in einem Verlust der liebevollen Seiten der Elternrepräsentanzen und in der Folge im Verlust des Ideal-Selbst und Ideal-Objekts wegen deren Verschmelzung mit dem Real-Selbst. Daher gelangen nur die strafenden Anteile der elterlichen Repräsentanz ins Über-Ich. Vor einem solchen strafenden Über-Ich (welches nach Kernberg letztendlich auf oral-aggressive Fixierungen zurückgeht) schützt sich der pathologisch narzisstisch gestörte Patient durch libidinöse Besetzung des (strukturell gestörten) Selbst und hat wenig libidinöse Kapazität zur Objektbesetzung übrig.

Dieses pathologische Größenselbst findet sich beim malignen Narzissmus und der antisozialen Persönlichkeit vor allem in deren pseudologischen Berichten, in ihren ausbeuterischen und rücksichtslosen Objektbeziehungen, den ausgeprägten Manipulationstendenzen und Entwertungen und den neben diesen grandiosen Verhaltensweisen gelegentlich auch vorhandenen Insuffizienzgefühlen. Sowohl bei antisozialer Persönlichkeitsstörung als auch beim malignen Narzissmus – beides Ausprägungsgrade der narzisstischen Persönlichkeit – liegt eine strukturelle Regression auf ein frühes Entwicklungsstadium mit noch unscharf geschiedenen Selbst- und Objektrepräsentanzen vor.

Der pathologische Narzissmus entwickelt sich nach Auffassung von Kernberg (1975) vollkommen getrennt vom gesunden Narzissmus und ist eine Abwehrstruktur gegen übermäßige konstitutionelle oder frustrationsbedingte orale Aggression und damit zusammenhängende nachfolgende frühe Spaltungen. Diese Abwehrstruktur geht zurück auf eine pathologische Selbststruktur (siehe Abbildung 4), in der Selbst- und Objektrepräsentanzen nicht integriert sind. Vielmehr fallen Real-Selbst, Ideal-Selbst und Ideal-Objekt als Kompensation des strukturellen Defekts zusammen und begründen die bei narzisstischen Persönlichkeitsstörungen vorhandene Grandiosität. Die Unterscheidung gesunder versus pathologischer Narzissmus kommt bei

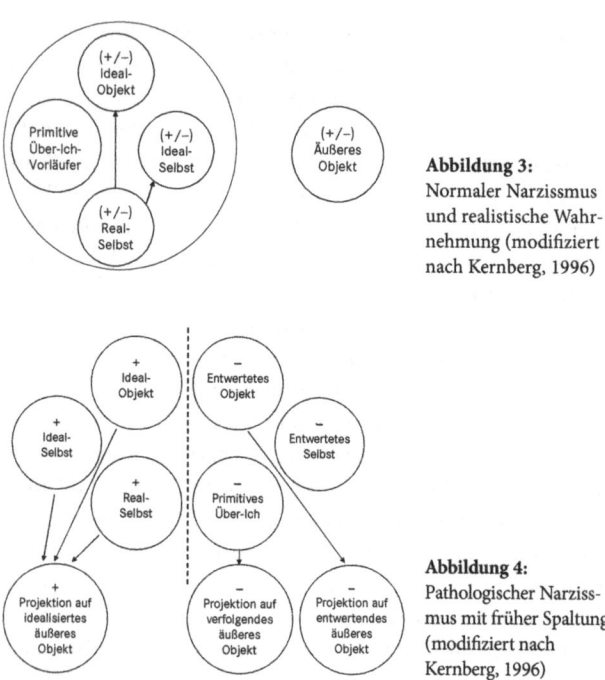

Abbildung 3:
Normaler Narzissmus und realistische Wahrnehmung (modifiziert nach Kernberg, 1996)

Abbildung 4:
Pathologischer Narzissmus mit früher Spaltung (modifiziert nach Kernberg, 1996)

Kernberg (1981) dadurch zustande, dass er annimmt, gesunder bzw. normaler Narzissmus sei die Folge der libidinösen Besetzung einer gesunden Selbststruktur ohne frühe Spaltung (siehe Abbildung 3).

Diesen strukturellen Defekt – die frühe Spaltung – führt Kernberg (1981) auf das dritte (von fünf) Entwicklungsstadien zurück. Das erste Stadium nennt er undifferenziertes Primärstadium (1.–2. Monat), das zweite nennt er Stadium der primären, undifferenzierten Selbst-Objekt-Vorstellungen (2. bis 6.–8. Monat), im dritten Stadium geht es um die Differenzierung von Selbst- und Objektvorstellungen (6.–9. bis 18.–36. Monat), Stadium vier beschäftigt sich mit der Integration von Selbstvorstellungen und Objektvorstellungen und der Entwicklung reiferer intrapsychischer, aus Objektbeziehungen abgeleiteter Strukturen (letzter Teil des dritten Lebensjahres bis über die gesamte ödipale Periode), im Stadium fünf kommt es zur Konsolidierung der Über-Ich- und der Ich-Integration.

Kernberg spricht bewusst von pathologischem Narzissmus, um ihn von einer Fixierung an oder Regression auf den infantilen Narzissmus und auch vom gesunden Narzissmus des Erwachsenen zu unterscheiden (siehe Abbildung 5). Bedeutsame Auswirkungen hat der pathologische Narzissmus auch auf die Objektbeziehungen. Aufgrund des Verlusts der positiv konnotierten Aspekte der Elternrepräsentanzen und dem dadurch eingetretenen Verlust des Ideal-Selbst und Ideal-Objekts wegen deren Verschmelzung mit dem Real-Selbst (siehe Kernberg, 1978) sind nur die strafenden Anteile der elterlichen Repräsentanz ins Über-Ich gelangt. Vor diesem strafenden Über-Ich, ausgehend von frühen oral-aggressiven Fixierungen, schützt sich der narzisstisch gestörte Patient durch libidinöse Besetzung eines strukturell gestörten Selbst. Dadurch entsteht ein Libidomangel für die Objektbesetzung.

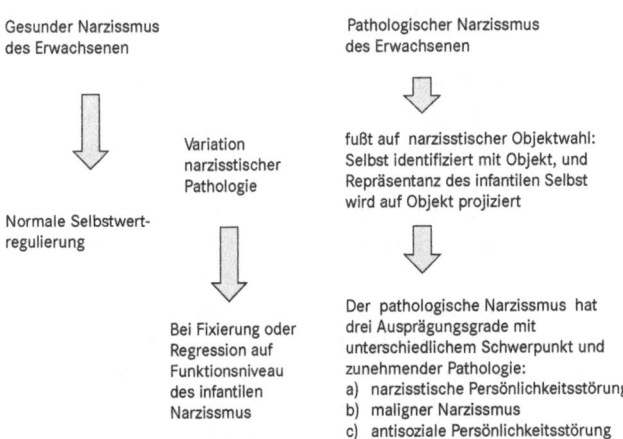

Abbildung 5: Gesunder und pathologischer Narzissmus des Erwachsenen nach Kernberg

8 Das Verständnis des Narzissmus und der narzisstischen Persönlichkeitsstörung in anderen, nicht psychoanalytisch begründeten Theorien

Neben einigen theoretisch gegenüber den bisher dargestellten Modellen der narzisstischen Persönlichkeitsstörung unterschiedlichen Konzeptionen finden sich hierbei vor allem hinsichtlich der therapeutischen Technik unterschiedliche Vorgehensweisen.

8.1 Verhaltenstherapie

Nach Lammers (2014) sucht die Verhaltenstherapie einen Zugang zur narzisstischen Persönlichkeitsstörung über erworbene *dysfunktionale Schemata*, zum Beispiel entstanden durch die lerntheoretisch prägende übermäßige Erfahrung eigener Großartigkeit in der Kindheit. Zwischen Verhaltenstherapie und psychodynamischen Theorien ergeben sich erstaunlich viele Überschneidungen beim therapeutischen Zugang zu narzisstischen Patientinnen und Patienten. Diese Ähnlichkeiten zeigen sich in der Arbeit an emotionalen Schemata, auch bezüglich der Perspektive auf die soziale Interaktion und der Berücksichtigung der Perspektiven anderer Menschen, was psychodynamisch unter den Begriffen Mentalisierung und Empathie in durchaus vergleichbarer Weise beschrieben wird.

In der therapeutischen Beziehung kann der Patient oder die Patientin neue Formen der Beziehungsgestaltung lernen, in der es möglich ist, größere emotionale Offenheit, Nähe, Abhängigkeit, Gleichberechtigung und Gegenseitigkeit zu erleben. Dabei bedient sich die Verhaltenstherapie des *Modelllernens* (Therapeut als Modell), wodurch der Patient einen angemessenen Umgang mit eigenen Schwächen und

Misserfolgen erwerben kann. Die therapeutische Beziehung ermöglicht dem Patienten, über Empathie und Validierung einen leichteren Zugang zu sich selbst sowie auftauchenden Emotionen und Bedürfnissen zu finden.

Die Arbeit an der doppelten Selbstwertregulation hinsichtlich der grandiosen und vulnerablen narzisstischen Persönlichkeitsanteile und deren biografisch bedingten auslösenden Faktoren ist wie bei psychodynamischen Verfahren ein zentraler Bestandteil der Therapie. Es geht um Einsicht in die Funktionalität von Verhaltensweisen, etwa hinsichtlich eines Schutzes vor Verletzung. Auch negative Grundannahmen (»Mit mir will keiner zu tun haben«) und dazu passende Affekte (Scham u. a.) werden mittels Techniken der Kognitiven Verhaltenstherapie (Verhaltensanalyse, sokratischer Dialog, kognitive Umstrukturierung, Emotionsregulation u. a.) behandelt, und es wird versucht, verborgene Bedürfnisse (nach Bindung, kreativem Selbstausdruck, Entspannung und Spiel) zu aktivieren. Weiterhin stehen im Vordergrund die Verbesserung interaktioneller Fähigkeiten und der eigenen Leistungsfähigkeit bis hin zur Entwicklung eines persönlichen Lebenssinns.

8.2 Klärungsorientierte Psychotherapie

Die Klärungsorientierte Psychotherapie (Sachse, Sachse u. Fasbender, 2011) geht von verhaltenstherapeutischen und schematherapeutischen Modellen zur Behandlung des Narzissmus aus und unterscheidet drei bewusst nicht am DSM-5 (Falkai u. Wittchen, 2015) orientierte Typen des Narzissmus: *erfolgreich*, *erfolglos* und *gescheitert*. Diese Typologie ist nur begrenzt mit der oben beschriebenen Dichotomie des Narzissmus bzw. der Dreiteilung nach Russ et al. (2008) zu vergleichen. Wichtigste therapeutische Grundhaltung ist Respekt gegenüber dem narzisstischen Klienten, im Rahmen von fünf Phasen der Therapie, in denen es um Beziehungsaufbau, Entwicklung eines Arbeitsauftrags, Klärung und Bearbeitung der Schemata sowie Transfer des Gelernten geht.

Voraussetzung für die Absolvierung aller fünf therapeutischen Phasen ist zunächst die erfolgreiche Bewältigung von Phase 1 und 2 (Beziehungsaufbau und Entwicklung eines Arbeitsauftrags). Nach Sachse et al. (2011) und Sachse (2014) geht es zunächst um Bestätigung *um jeden Preis (»füttern«)* seitens des Therapeuten und um die Einsicht des Patienten in die *»Kosten«* der Störung. Konfrontation ist nur dann sinnvoll, wenn die Beziehung stark genug ist. Dann werden relevante problemauslösende Schemata bezüglich des Selbst, der Beziehungen und hinsichtlich Normen und Regeln geklärt. Nach der Schemabearbeitung wird der Transfer in den Alltag überprüft, das heißt, ob der Klient oder die Klientin jetzt im Alltag anders denkt, fühlt und handelt.

9 Narzissmus bei anderen Persönlichkeitsstörungen

Wie in Kapitel 4 dargestellt, ist insbesondere die Merkmalsdomäne Antagonismus/Feindseligkeit nicht nur bei der narzisstischen Persönlichkeitsstörung, sondern sowohl bei antisozialer Persönlichkeitsstörung als auch bei Borderline- und histrionischer Persönlichkeitsstörung zu finden. Diese Menschen teilen nach Auffassung vieler Autoren auch die entwicklungspsychologischen Voraussetzungen. Bereits Kernberg (1984) hat zum Ausdruck gebracht, dass alle Ausprägungsgrade von pathologischem Narzissmus bis hin zur antisozialen Persönlichkeitsstörung mit ähnlichen Erfahrungen in der Vergangenheit verbunden sind:

»[…] dass äußere Objekte allmächtig und grausam sind, […] dass jede gute, liebende, wechselseitig befriedigende Beziehung zu einem Objekt schwach und leicht zerstörbar ist und, noch schlimmer, die Keime für Angriffe vonseiten des überwältigenden und grausamen Objekts enthält, […] dass vollständige Unterwerfung unter dieses Objekt die einzige Überlebenschance bietet, dass darum alle Bindungen an ein gutes und schwaches Objekt durchtrennt werden müssen, […] ein erhebendes Gefühl von Macht und Beglückung, von Freiheit und Angst, Schmerz und Furcht [entsteht], wenn erst einmal die Identifizierung mit dem grausamen und allmächtigen Objekt vollzogen ist, und das Gefühl, dass Aggressionsbefriedigung die einzige sinnvolle Form der Beziehung zu anderen ist, […] als Alternative die Entdeckung eines Fluchtweges durch das Annehmen eines ganz unaufrichtigen, zynischen oder heuchlerischen Kommunikationsmodus, das Auslöschen jeglichen Urteils, das einen Vergleich zwischen guten und bösen Objekten impliziert, und die Negation der Bedeutung jeglicher Objektbeziehung oder jeglicher Form erfolgreichen Manövrierens im allgemeinen Chaos menschlicher Beziehungen« (Kernberg, 1984/1988, S. 429 f.).

Insofern weist Kernbergs Verständnis des pathologischen Narzissmus darauf hin, dass es sich dabei um eine Ersatzbildung für eine ungenügende frühe Objektbeziehung (d. h. ungenügende Bindungs- und Kompetenzerfahrung) handelt.

10 Narzissmus, Bindung und Aggression

Bowlbys Bindungstheorie (Bowlby, 2006a, 2006b, 2006c) ist systemtheoretisch fundiert, das heißt, jegliche im Verlauf der Kindheit entstehenden Bindungsmuster haben das Ziel, in irgendeiner Weise Verhaltensvorhersagen hinsichtlich der Bindungsperson zu machen (inneres Arbeitsmodell von Bindung) und hierdurch Nähe zur Bindungsperson herzustellen, die anders nicht möglich wäre, aber überlebensnotwendig ist. Narzisstische Störungen können ebenfalls kontrolltheoretisch verstanden werden, nämlich als einen Versuch, fehlende Selbstwirksamkeit über ein grandios-selbstverständliches Verhalten darzustellen. Darüber hinaus benennt die Bindungstheorie in ihrem psychodynamischen Entwicklungsansatz die Bedingungen für Anpassung und Fehlanpassung und erklärt über das Konzept des *inneren Arbeitsmodells* (IAM) den individuellen Bewältigungsprozess in Beziehungen. Das IAM ist Folge der Internalisierung von in der frühen Kindheit abgelaufenen Interaktionen mit den relevanten Bezugspersonen, wodurch eine generalisierte intrapsychische und implizite Erwartungsstruktur gebildet wird. Stolorow und Atwood (1989) sprechen von organisierenden Prinzipien der Psyche.

In den theoretischen Vorstellungen von Blatt und Blass (1992) werden Bindungstheorie und psychoanalytische Konzepte in einer Weise miteinander verschmolzen, dass Blatt die psychopathologische Symptomatik als Folge von Störungen in der Entwicklung kognitiv-affektiver Schemata – er spricht hier wie die Bindungstheorie von inneren Arbeitsmodellen – betrachtet, die ihren Ausgangspunkt in der Schwierigkeit hat, entweder ein Selbstgefühl (Selbstkonstanz) zu entwickeln oder Objektkonstanz zu erreichen. Das heißt, es gibt

Menschen, häufiger Frauen, die sich intensiv mit ihren Beziehungen auf Kosten ihres Selbstgefühls beschäftigen, und es gibt Menschen, häufiger Männer, die erhebliche Anstrengungen unternehmen, um ihr Selbst auf Kosten ihrer Beziehungen zu konsolidieren. Im ersten Fall spricht Blatt von *anaklitischer*, im zweiten Fall von *introjektiver* Psychopathologie. Dies bedeutet, dass im ersten Fall ein eher fragiles Selbstgefühl primär ist, was durch interpersonelle Beziehungen stabilisiert wird, im zweiten Fall instabile Beziehungen primär sind und das Selbstgefühl dazu dient, die Beziehungsseite zu stabilisieren. Menschen mit vulnerablem Narzissmus sind nur wenig dazu fähig, ein grandioses Selbstgefühl zu erhalten oder Leistung und Konkurrenz zu dessen Stabilisierung zu benutzen, und wenden sich interpersonellen Beziehungen als Mittel zu, um ein positives Selbstgefühl zu erreichen. Grandiose Narzissten dagegen fühlen sich durch interpersonelle Probleme in ihrem Selbstgefühl weniger bedroht und stabilisieren sich durch Leistung und Konkurrenz. Bei Bedrohung dieser Möglichkeit kommt es zu einer Destabilisierung des Selbstgefühls (Spivak, Besser u. Zeigler-Hill, 2014).

Ein grandioses Selbstgefühl aufrechtzuerhalten ist in besonderem Maß beim grandiosen Narzissmus notwendig, um darunterliegende Scham- und Kleinheitsgefühle zu vermeiden. Beim vulnerablem Narzissmus finden sich jedoch auch ausgeprägte Schamgefühle, und zwar sowohl hinsichtlich befürchteter interpersoneller Zurückweisungen als auch bezüglich eines Leistungsversagens. Damit wird die dargestellte Dichotomie etwas unschärfer und weist zugleich auf die Wechselmöglichkeiten zwischen beiden narzisstischen Subtypen hin.

Die Entwicklung narzisstischer Störungen steht nicht nur konzeptuell, sondern auch empirisch in engem Zusammenhang mit der Bindungsentwicklung (Lorenzini u. Fonagy, 2013). Bei einem *vermeidenden Bindungsmuster* werden starke Affekte abgewehrt. Dies trifft besonders auf Menschen mit verdecktem, vulnerablem Narzissmus zu, die ein ähnliches Bedürfnis nach grandios-exhibitionistischer Selbstdarstellung wie jene mit offenem Narzissmus haben, im Unterschied zu diesen sich jedoch viel verletzlicher und unzulänglicher fühlen (Hendin u. Cheek, 1997). Beim offenen Narzissmus wird die Bedeutung von Bindungen verleugnet und eine Art zwanghaftes Selbstvertrauen entwickelt (Bowlby, 2006c). Die Ausnutzung anderer Menschen und die eigene Selbstdarstellung dienen der Herstellung einer illusionären Bedeutungsüberhöhung des Selbst, das heißt, sie sind ein Versuch, größere Selbstkohärenz zu erreichen.

Im Sozialverhalten sind Menschen mit offenem, grandiosem Narzissmus viel defensiver und emotional distanzierter und zeigen nach Dickinson und Pincus (2003) neben einem manchmal auftretenden sicheren ein vermeidendes Bindungsmuster. Vermeidung von Bindungen kann allerdings auch, wie bereits Pistole (1995) zeigte, ein Abwehrmechanismus gegen die Angst vor Zurückweisung bei Menschen mit verdecktem Narzissmus sein.

Die enge Verbindung narzisstischer Persönlichkeitsstörungen mit bindungstheoretischen Überlegungen wird vor allem durch Fonagy (2006) belegt. Eines der zentralen evolutionären Ziele von Bindung ist nach seiner Auffassung die Aggressionssozialisation und die Bändigung von Aggression, die bei Versagen auf eine unsichere Bindungsorganisation schließen lässt. Denn die Aufgabe von Bindung ist in erster Linie die Emotionsregulation, und dazu gehört auch die Regulation von Furcht und Panik angesichts von Gefahr mit dem Ziel, sich wieder sicher fühlen zu können. Aggression ist in Fonagys Verständnis grundsätzlich etwas Positives und überlebensorientiert. Sie stellt einen genuinen Protest gegen Not und Elend durch eine schädigende Umwelt dar. Insofern sind Aggression und Gewalt, wie beispielsweise bei narzisstischen Wutzuständen, ein Zeichen von Lebendigkeit. Die Wutzustände stehen darüber hinaus mit Gefühlen selbstvernichtender Scham in Zusammenhang. In solchen Situationen geht es subjektiv um eine existenzielle Bedrohung, die nur die Wahl lässt zwischen Vernichtung des Selbst oder Vernichtung des Anderen.

Die hier dargestellten Verknüpfungen zwischen Aggressivität und Bindung lassen sich selbstpsychologisch auf der Grundlage eines fragmentierten Selbstgefühls verstehen, was durch Verletzungen des Selbstgefühls, etwa bei schweren Beschämungen, entsteht. Aggressive

Reaktionen stellen dabei den Versuch der Wiederherstellung einer Kohärenz des Selbstgefühls dar und bewegen sich, abhängig vom Ausmaß der subjektiv erlittenen Verletzungen bzw. den Möglichkeiten emotionaler Regulation, zwischen leichteren Kränkungsreaktionen bis hin zum Totschlag.

Darüber hinaus sieht Fonagy (2003) Zusammenhänge zwischen Narzissmus und Bindungsmuster und zwischen Mentalisierung und Narzissmus (Luyten u. Fonagy, 2014). Spezifische Bindungsmuster bei narzisstischen Persönlichkeitsstörungen sind von verschiedenen Autoren beschrieben worden. Banai, Mikulincer und Shaver (2005) haben die Entwicklung eines pathologischen Narzissmus bindungstheoretisch mit deaktivierenden Strategien, die bei einem vermeidenden Bindungsmuster auftreten, in Verbindung gebracht und auf dem Hintergrund der psychoanalytischen Selbstpsychologie klinisch konzeptualisiert. In ihrer Sichtweise liegt die Widerständigkeit von elterlichen Bezugspersonen hinsichtlich der Bereitschaft zur Verfügungstellung elementarer Funktionen von Spiegelungs-, Idealisierungs- und Zwillingserfahrungen gegenüber dem Kind – also die elterliche Vermeidung kindlicher Bedürfnisse und Gefühle – der späteren Entwicklung eines pathologischen Narzissmus beim Erwachsenen zugrunde. Die Konsequenzen des vermeidenden Bindungsmusters beim späteren Erwachsenen sind eine Vernachlässigung der Beziehungsebene zugunsten des Selbst und der Selbstwirksamkeit/Kompetenz. Hier geht es um offenen Narzissmus, dessen verborgene Verletzlichkeit seine Ursache in einer vertikalen Spaltung (Kohut, 1973) finden kann.

Die *Untertypen des vermeidenden Bindungsmusters* (Ds – dismissive) im Erwachsenenbindungsinterview (Gloger-Tippelt, 2012) sind gekennzeichnet durch ein Beharren auf fehlenden Kindheitserinnerungen mit Neigung zur Idealisierung der Eltern (Ds 1), durch Abwertung von Bindungsbeziehungen (Ds 2), durch Ausklammern von Gefühlen in den Kindheitserinnerungen (Ds 3) und durch unerklärliche Angst vor dem Verlust eines Kindes durch Krankheit und Tod (Ds 4). Letzterer Untertypus kommt sehr selten vor und beruht im Wesentlichen auf Frage 17 des Erwachsenenbindungsinterviews.

Bezug nehmend auf Balint (1972) und Fonagy (2003) kann insbesondere der Untertypus Ds 2 der Bindungsvermeidung mit *Balints Philobatie* in Zusammenhang gebracht werden. Der Philobat mag keine Bindungen, er sucht die freundlichen Weiten und investiert mehr in sich selbst als in Beziehungen. Er entspricht eher dem Typus des Fliegers, wie ihn Argelander (1972) beschrieben hat. Dieser vermeidende Typus der narzisstischen Persönlichkeitsstörung fällt auf eine kompensatorische grandiose Selbststruktur zurück und umgeht damit das Problem, auf inadäquate Pflegepersonen angewiesen zu sein. Das Bedürfnis nach Abhängigkeit wird verleugnet, weil die relevante Bezugsperson unfähig zur Entwicklungsförderung war. Das Auftreten hat illusionären und defensiven Charakter von Selbstgenügsamkeit, die gezeigte Autonomie ist nicht echt. Damit zeigt dieser Typus alle Merkmale des offenen, grandiosen Narzissmus.

Die bei Balint im Gegensatz zur Philobatie stehende zweite Haltung, die *Oknophilie,* beschreibt eine Form der Angstabwehr durch Verstärkung der Abhängigkeit vom Objekt, was die Ambivalenz diesem gegenüber intensiviert. Diese Beschreibung passt zum *verwickelten oder präokkupierten Bindungsmuster* (E – enmeshed) und trifft am besten auf den Untertypus E 2 im Erwachsenenbindungsinterview zu. Dieser Typus beruht auf einem wütend-verstrickten Umgang mit Bindungsbeziehungen. Es werden durchgehend die Schwierigkeiten und Konflikte mit den Bindungspersonen betont. Dieser Typus zeigt damit alle Merkmale des verdeckten, vulnerablen Narzissmus. Der Untertypus E 1 ist passiv-präokkupiert: Es werden im Interview viele Einzelheiten geschildert, aber es entsteht kein klares Bild. Der Untertypus E 3 ist angstvoll-präokkupiert: Es werden entweder mehrmals traumatische Ereignisse geschildert, auch wenn die Probanden nach ganz anderen Dingen gefragt werden, sie wirken dabei verwirrt und ängstlich, oder sie berichten von Gedächtnisverlust, vermutlich im Zusammenhang mit traumatischen Ereignissen, wodurch Erinnerungslücken in Kindheit und Jugend entstehen.

11 Differenzielle Behandlungsansätze des Narzissmus und der narzisstischen Persönlichkeitsstörung

Narzisstische Persönlichkeitsstörungen werden, wie bereits erwähnt, auch heute noch theoretisch sehr unterschiedlich verstanden und dementsprechend auch sehr unterschiedlich, ja nahezu gegensätzlich behandelt. Zur groben Orientierung erfolgt hier ein kleiner Überblick über die verschiedenen Schwerpunkte der Behandlung bei unterschiedlichen Autoren. Zugleich wird nochmals auf die beschriebenen Untertypen der narzisstischen Persönlichkeitsstörung verwiesen und die dort erwähnten Hinweise zur Behandlungseignung (S. 29 ff.).

11.1 Von Freud zu Kernberg

Sigmund Freud

Freud war der Meinung, dass narzisstische Neurosen (für ihn Psychosen) mangels vorhandener Objektlibido nicht in der Lage sind, Übertragungen zu entwickeln. Der therapeutische Umgang mit – sekundärem – Narzissmus bleibt auf die Deutung der Triebabwehr beschränkt. Narzisstischer Rückzug, der gewöhnlich nicht mit einem kompletten Rückzug der gesamten Objektlibido ins Ich einhergeht, entsteht durch Konflikte im Zusammenhang mit libidinös besetzten Objekten, er ist also Rückzug aus einer schmerzhaften, mit Unlust verbundenen Objektbeziehung in eine mit Lust verbundene narzisstische Situation. Der technische Umgang mit sekundärem Narzissmus entspricht den allgemeinen behandlungstechnischen Empfehlungen Freuds. Nach entwickelter Übertragung und vorheriger *Deutung des*

Übertragungswiderstandes wird diese *interpretiert* und *durchgearbeitet*. Wachsende Einsicht ermöglicht die Distanzierung von infantilen Triebansprüchen.

Béla Grunberger

Für Grunberger ist der Narzissmus die treibende Kraft des analytischen Prozesses. Der Narzisst ist mit sich selbst zufrieden und erlangt erneut dieses Gefühl, indem er sein Ich-Ideal (das von seinem ursprünglichen pränatalen narzisstischen Zustand abgeleitet ist) auf den Therapeuten projiziert. Dessen therapeutische Rolle ist die eines Mittlers zwischen sich als Subjekt und sich als projiziertem Ideal. Im Rahmen einer kontrollierten narzisstischen Regression erlaubt diese (wohlwollend-neutrale) Haltung dem Patienten mehr und mehr, sich selbst zu sehen. Es wird angenommen, dass der Mensch ständig auf der Suche nach seiner verlorenen Omnipotenz ist und versucht, zumindest in der Phantasie, sie aufrechtzuerhalten. Um den Narzissmus zu *integrieren,* darf sich nach Grunberger (1971) die therapeutische Abstinenz nur auf die Triebbedürfnisse, nicht jedoch auf die narzisstischen Bedürfnisse beziehen. Der Phallus als Symbol repräsentiert die narzisstische Integrität und Vollkommenheit, der Penis ist der Repräsentant der genitalen Stufe und deren Triebansprüchen. Ziel der Behandlung ist die *Wiederherstellung narzisstischer Integrität* unter Einbeziehung der Triebansprüche und der Realität.

Michael Balint

Da der narzisstischen Persönlichkeitsstörung pathologische präödipale Konfigurationen zugrunde liegen, wird sie als *Grundstörung* (Balint, 1970) betrachtet (wie Oknophilie und Philobatie). Konflikte sind auf der Ebene der Grundstörung kein deutungsfähiges Thema, entscheidend ist die Erfahrung von Beziehung. Bedeutsam ist für Balint, der grundsätzlich von einer Zwei-Personen-Psychologie ausgeht, auch der Beitrag des Therapeuten zur Behandlungssituation. Er betont die Wechselwirkungen zwischen Patient und Therapeut und die Schaffung einer geeigneten Atmosphäre für den Patienten. Technisch werden von Balint Deutungen nicht empfohlen, wenn der Patient auf die Ebene der Grundstörung regrediert ist, da er in diesem Zustand Deutungen als sinn- und bedeutungslos empfindet. Die Aufgabe des Therapeuten ist es, durch Schaffung geeigneter Bedingungen (Atmosphäre, Klima) die Heilung der Grundstörung zu ermöglichen. Der Therapeut muss die archaischen Bedürfnisse seines Patienten, solange notwendig, akzeptieren, ohne dabei jedoch allwissend und allmächtig zu erscheinen. Sonst droht die Gefahr eines suchtartigen Zustands, den Balint als maligne Regression bezeichnet (Regression mit dem Ziel der triebhaften Befriedigung).

Die Grundstörung kann nur überwunden werden, wenn der Patient auf eine noch hinter der Grundstörung liegende Ebene regrediert und von dieser aus mithilfe der therapeutischen (primären) Beziehung einen Neubeginn wagt (Regression mit dem Ziel des Erkanntwerdens). Dieser Neubeginn wird möglich, weil der Patient auf bisherige Bedingungen/Abwehrformationen, die ihn vor einer Verletzung durch das geliebte Objekt schützen sollten, verzichten kann. Therapeutisch wirksam sind für Balint also Deutung *und* Beziehung.

Donald W. Winnicott

Für diejenigen Störungen, deren Selbststruktur vor weiterer Festigung beeinträchtigt wurde (hierzu zählen narzisstische Persönlichkeitsstörungen), gilt auch bei Winnicott, dass der Therapeut den Patienten im regredierten Zustand begleiten und ihm beistehen muss. In dieser Regression auf Abhängigkeit erreicht der Patient die Schicht früher, primitiver Objektbeziehungen, in der er auf die *hinreichend gute Bemutterung* durch den Therapeuten angewiesen ist, um sein defensives falsches Selbst aufgeben und sein *wahres Selbst* entwickeln zu können. Eindrücklich beschrieben ist Winnicotts Vorgehen bei schwer regressiven Zuständen in Littles Bericht über ihre Analyse bei Winnicott (Little, 1994). Winnicott hielt zum Beispiel in einer Analysephase, in der seine Analysandin in psychotische Zustände geraten war, deren beide Hände in seinen Händen, um ihr auf diese Weise sehr konkret ein Gefühl des Gehaltenwerdens zu vermitteln.

Für Winnicott geht es darum, »mit dem Patienten aus der Position heraus zu kommunizieren, in die die Übertragungsneurose (oder -psychose) mich stellt. In dieser Position habe ich einige Merkmale eines Übergangsphänomens, da ich zwar das Realitätsprinzip vertrete und auf die Uhrzeit achten muss, aber trotzdem für den Patienten ein subjektives Objekt bin« (Winnicott, 1965c/1974, S. 217). Winnicott kommt es auf die individuelle optimale therapeutische Reaktion an, und er geht grundsätzlich mit Deutungen sehr vorsichtig um. Im Fall produktiver (im Gegensatz zu unproduktiver, defensiver) Abhängigkeit könne übergroßes therapeutisches Engagement dem Patienten die Momente kreativer Einsamkeit wegnehmen, in denen er aus seinem Kernselbst heraus beginnt, sein wahres Selbst zu entwickeln. Das Schweigen des Therapeuten könne dabei die größte Hilfe sein. Behandlungsfortschritte werden durch die hinreichend gute Anpassung des Therapeuten an den Patienten erzielt, wobei jedoch das Wiedererleben des ursprünglichen Umweltversagens im Versagen des Therapeuten von besonderer Bedeutung ist. Der Therapeut muss seine Fehler eingestehen und auch die Bedeutung, die diese für den Patienten haben, anerkennen. Für Winnicott ist es wichtig, dass der Therapeut seine Gegenübertragungsgefühle, insbesondere seinen zeitweisen Hass auf den Patienten, vor sich selbst eingestehen kann und bei entsprechender Stabilität mit dem Patienten über seine Gefühle spricht. Nur so könne dieser Dankbarkeit entwickeln.

Generell betont Winnicott, dass Psychotherapie im Überschneidungsbereich der Spielräume von Therapeut und Patient stattfindet. Im wechselseitigen Spiel finde der Patient zu sich selbst und lerne, den Therapeuten als äußeres Objekt wahrzunehmen. Psychotherapie besteht für Winnicott nicht darin, »kluge und geschickte Deutungen zu geben«, sondern stellt einen Prozess dar, »in dem dem Patienten zurückgegeben wird, was er selbst einbringt« (Winnicott, 1973, S. 134 f.). Auf diese Weise könne der Patient beim Gelingen der Psychotherapie sein eigenes Selbst finden.

Heinz Kohut

Die Behandlungstechnik Kohuts ist stark von seinen entwicklungspsychologischen Annahmen geprägt. Insofern sind Modifizierungen aufgrund der Ergebnisse der Säuglings- und Kleinkindforschung in der postkohutianischen *Selbstpsychologie* gut nachvollziehbar. Die Selbstentwicklung (und die Entstehung eines Selbstdefekts) wird im Wesentlichen als abhängig vom Verhalten der primären Bezugspersonen betrachtet. Das Selbst entsteht in einem Prozess wechselseitiger Interaktionsregulierung (Beebe u. Lachmann, 2004). Sie ist für eine stabile Selbststruktur von größerer Bedeutung als Konflikte. Der präadaptierte Säugling erwartet in selbstpsychologischer (aber auch entwicklungspsychologischer) Sicht selbstverständlich Responsivität und keine antagonistische Umgebung. Aufgrund des motivationalen Primats des Selbst steht im therapeutischen Prozess die Entwicklung von *Selbstkohärenz* an oberster Stelle.

Der Therapeut ermöglicht durch das von ihm geschaffene Ambiente und durch Widerstandsdeutungen (Widerstand gegen die Entwicklung von Selbstobjekt-Übertragungen) die Entwicklung von Selbstobjekt-Übertragungen. Unvermeidliche Beziehungsabbrüche werden ebenso wie die damit verbundenen Gefühle von Zurückweisung beim Patienten benannt, seine Selbstobjektbedürfnisse also anerkannt und damit die Beziehung wiederhergestellt. Wolf (1988) beschreibt diesen Vorgang als Prozess der Unterbrechung und Wiederherstellung einer Selbstobjektbeziehung. Technisch stehen bei Kohut die *empathische Haltung* und das *Verstehen* und *Erklären* im Vordergrund. Kohut hat immer wieder deutlich gemacht, dass das Verstehen, das heißt Worte und Gefühle des Patienten aus seiner Perspektive wahrzunehmen, nur der erste Schritt ist. Der zweite Schritt ist das Erklären dessen, was geschieht, unter Einbezug einer genetischen, dynamischen und ökonomischen Betrachtung. Die Interpretation ist keine intellektuelle Konstruktion, sonst wäre sie auch nicht wirksam, sondern eine von Empathie getragene Formulierung, die Wärme und Verständnis für die Intensität der Gefühle und die Person des Patienten beinhaltet und auch die sekundären Konflikte berücksichtigt, durch die die kindliche Bedürftigkeit in ihrem Ausdruck behindert wird. Insofern ist also eine gelungene Interpretation die Anwendung von Empathie auf einer höheren Ebene.

Ein weiterer wichtiger Vorgang in der Behandlung ist bei ihm die *umwandelnde Verinnerlichung*, womit nicht Identifizierung gemeint ist. Die umwandelnde Verinnerlichung ist nach Kohut Folge einer optimalen Frustration und führt wie Empathie, Verstehen und Erklären zur Strukturbildung.

Aggressives Verhalten wird bei nicht kohärentem Selbstzustand als Empathieversagen des Therapeuten verstanden, das heißt als Folge einer unangemessenen Reaktion auf die Selbstobjektbedürfnisse des Patienten. Der Schwerpunkt der Deutungen liegt vorrangig auf dem inneren Erleben des Patienten, in das der Therapeut empathisch eintauchen soll, bevor er interpretiert. Dem Patienten wird bei vorhandener Selbstkohärenz zugetraut, das Objekt (den Therapeuten) angemessen zu achten und wahrzunehmen. Über unvermeidliche Enttäuschungen (optimale Frustration) kommt es zur (umwandelnden/strukturbildenden) Verinnerlichung der Selbstobjektfunktion des Therapeuten. Dennoch werden lebenslang weiterhin Selbstobjekterfahrungen benötigt, um bei Störungen der Lebenskurve (Wolf, 1995) erneut Selbstkohärenz erreichen oder beibehalten zu können. Entwicklung wird also in der Sicht der Selbstpsychologie weniger durch Frustration als durch Herausforderung hinsichtlich Problemlösungen in gegenseitiger Regulation möglich.

Eine gängige Kritik an Kohuts Behandlungstechnik (z. B. Reed, 1989) lautet, er nehme die Äußerungen des Patienten für bare Münze, ohne sich genügend mit deren unbewussten Bedeutungen zu beschäftigen. Diese Kritik greift zu kurz, weil das Annehmen des manifesten Inhalts nur der Ausgangspunkt zur Erlangung von größerer Selbstkohärenz ist. Wenn diese hergestellt ist, wird auch der Zugang zum Unbewussten erleichtert und der Patient oder die Patientin selbst bringt eine vielleicht bisher verborgene Thematik ins Spiel. Dieses Prozessmodell entspricht im Übrigen den Vorstellungen von Weiss und Sampson (1986), die größeren therapeutischen Erfolg bei

Behandlungen nachwiesen, welche eine Ich-Stärkung zur Voraussetzung des Zugangs zum Unbewussten machten.

Otto F. Kernberg

Kernberg geht von einer primären Objektbeziehung aus und bringt die gestörten Objektbeziehungen bei narzisstischer Persönlichkeitsstörung, ähnlich wie Klein und Rosenfeld, auch in der Behandlung schnell zur Sprache. Dadurch soll das therapeutische Bündnis gefördert werden. Weil der narzisstisch gestörte Patient weder Abhängigkeit ertragen noch Dankbarkeit empfinden und insofern den hilfreichen Therapeuten nur mit Neid und Hass zerstören kann, fordert diese Behandlungstechnik *strikte Neutralität als Voraussetzung von Übertragungsdeutungen,* besonders der *Aggression* des Patienten. Dies soll über die Entwicklung von Gefühlen der Schuld und Dankbarkeit zu einem Rückgang an Spaltungen sowie insgesamt der negativen Übertragung und zu vermehrter Integration von Selbst- und Objektrepräsentanzen und damit zu reiferer Selbststruktur und reiferen Beziehungen führen (Kernberg, 1989). Der Patient kann den Therapeuten, anstatt sein ideales Selbst auf ihn zu projizieren, mehr und mehr als Elternfigur wahrnehmen, die seine Aggressivität toleriert, ohne zerstört zu werden oder Vergeltung zu üben. Die Zunahme der Wertschätzung für den eigenen inneren Reichtum reduziert den Neid.

Die primitiven Abwehrmechanismen sind während der gesamten Behandlungsdauer zu finden und müssen nach Kernberg (1989) systematisch durchgearbeitet werden. Auf Unterstützung und Verständnis des Therapeuten reagiert der Patient ebenso wütend wie auf die Deutungen seiner Grandiosität, wobei die Wut im ersteren Fall durch die Wahrnehmung des Therapeuten als autonome Person zustande kommt. Leeregefühle des Patienten stehen nach Kernberg oft in Zusammenhang mit dessen aktiver unbewusster Zerstörung der Leistungen und Angebote des Therapeuten. Die idealisierende Übertragung versteht Kernberg als Pseudoabhängigkeit. Zugrunde liegen Feindseligkeit und Misstrauen, deshalb müssen die Idealisierungen als Widerstand gedeutet werden. Die Benennung der Feindseligkeit des Patienten führe zu einem mutativen Einfluss auf das Über-Ich.

Narzisstische Persönlichkeitsstörungen auf Borderline-Niveau (mit fehlender Angsttoleranz und Impulskontrolle) sollen mit expressiver Psychotherapie (entspricht zweistündiger analytischer Psychotherapie im Sitzen) behandelt werden. Betont wird dabei mehr die Klarifikation, Konfrontation und Deutung im Hier und Jetzt (siehe Abschnitt »Übertragungsfokussierte Psychotherapie«, S. 65 f.). Bei narzisstischen Persönlichkeitsstörungen mit antisozialen Merkmalen (dauerhaftes gefährliches Agieren oder schwerer Mangel an Impulskontrolle und Angsttoleranz) ist supportive Psychotherapie indiziert (Kernberg, 1989).

Kohut und Kernberg im Vergleich

Wesentliche Unterschiede zwischen Kernberg und Kohut ergeben sich aus den therapeutischen Haltungen der Empathie (Kohut) versus Neutralität (Kernberg). Da Kernberg (1975) Stabilität, Objektivität und Neutralität des Therapeuten durch heftige Gegenübertragungsreaktionen bei schwer gestörten Patientinnen und Patienten bedroht sieht, wird verständlich, dass er großen Wert auf Neutralität legt, um seine therapeutische Arbeit zu ermöglichen. Wahl (1985) fragt sich allerdings, ob in Kernbergs Falldarstellungen nicht dennoch massive Gegenübertragungsreaktionen deutlich werden (z. B. auf undankbare, unersättliche Patienten, die den Therapeuten aussaugen und auf die dieser dann vorwurfsvoll abweisend reagiert).

Der empathische Standpunkt würde hier vielmehr versuchen, die Berechtigung solcher (archaischen) Bedürfnisse des Patienten zu verstehen (z. B. die narzisstische Wut), und generell anstatt von Gegenübertragungsreaktionen von Selbstobjekt-Gegenübertragung (Köhler, 1984) sprechen, neuerdings unter Berücksichtigung einer intersubjektiven Sichtweise auch von Ko-Übertragungen. Hierbei handelt es sich um Übertragungen des Therapeuten auf die Beziehungsangebote des Patienten auf der Grundlage von dessen eigener Lebensgeschichte.

Sicherlich sind auch die Menschenbilder in Kernbergs und Kohuts Theorien unterschiedlich. Während Kernberg (1975) im Grunde die klassische Theorie der Triebzähmung mit besonderem Akzent auf die inneren Repräsentanzen vertritt und Entwicklung als Ergebnis von Konflikt, Verzicht und Einsicht sieht, geht Kohut (1973, 1979, 1984) davon aus, dass der Säugling bei angemessener gegenseitiger Regulation ein kohäsives Kernselbst entwickelt und diese Selbststruktur ihm auch den angemessenen Umgang mit Konflikten erlaubt. Adäquate Förderung erlaubt die Entfaltung vorhandener Fähigkeiten. Es wird kein prinzipieller Gegensatz von Natur und Kultur angenommen.

Zusammengefasst nimmt Kohut eine möglichst andauernde empathische Haltung ein und erst im zweiten Schritt nutzt er Erklärungen bzw. Interpretationen. Diese sind von Empathie getragene Formulierungen, die Wärme und Verständnis sowohl für die Intensität der Gefühle als auch für die Person des Patienten beinhalten. Durch umwandelnde Verinnerlichung entsteht die Fähigkeit zum Suchen und Finden angemessener Selbstobjekte bei sich selbst wie in der äußeren Realität.

Kernberg deutet früh und sucht über Einsicht eine Abnahme des pathologischen Narzissmus zu erreichen (Interpretation besonders des pathologischen grandiosen Selbst als Abwehr gegen Abhängigkeit von anderen) und das Organisationsniveau des Selbst weiterzuentwickeln. Sein Ziel ist die Entwicklung von Schuldgefühlen und Besorgnis, die Integration von Idealisierung und Vertrauen mit Wut und Verachtung.

11.2 Neuere Behandlungsansätze

Eine Vereinheitlichung der disparaten Theorien von Kohut und Kernberg ist zwar noch nicht in Sicht, in den zeitgenössischen manualisierten Therapieansätzen der Übertragungsfokussierten Psychotherapie (TFP), Mentalisierungsbasierten Therapie (MBT) und Strukturbezogenen Psychotherapie sind Annäherungen zumindest hinsichtlich therapeutischer Technik zwischen der Perspektive von Kernberg und von Kohut erkennbar. Diese drei psychoanalytisch orientierten Vorgehensweisen werden nachfolgend kurz erläutert.

Übertragungsfokussierte Psychotherapie
(Transference-Focused Psychotherapy – TFP)

Behandelt werden strukturelle Störungen, die durch primitive Abwehr, aber intakte Realitätsprüfung gekennzeichnet sind, im Wesentlichen also schwere Persönlichkeitsstörungen. Es wird ein Behandlungsvertrag (unter Einbeziehung einer Prioritätenliste der Sitzungsthemen, siehe Tabelle 2) geschlossen (Caligor, Kernberg u. Clarkin, 2009). Die Behandlung findet auf drei Interventionsebenen statt:

- langfristig beispielsweise Integration von Teilselbst-/Objektrepräsentanzen zu ganzheitlichen Bildern von Selbst und Objekt;
- auf der Ebene der einzelnen Therapiestunde werden Taktiken benutzt, etwa Bearbeitung des affektiv dominanten Themas innerhalb der Objektbeziehungs- bzw. Übertragungsdyaden, das heißt, es geht hier um affektiv geladene, unangemessene, frühere Beziehungserfahrungen, die in der aktuellen Beziehung zwischen Patient und Therapeut auftreten;
- spezifische Behandlungstechniken kommen auf der Ebene therapeutischer Interaktion zum Einsatz, beispielsweise Neutralität des Therapeuten oder auch Konfrontation des Patienten mit dessen widersprüchlichen Aussagen und abgespaltenen Objektrepräsentanzen, deren Klärung und Deutung.

Das Setting besteht in zwei Stunden Psychotherapie pro Woche, meist zwei bis drei Jahre oder länger. Ziel der Behandlung ist die Integration abgespaltener Selbst- und Objektanteile zu einem ganzheitlichen inneren Bild von Selbst und Objekt. Notwendig dafür ist die Überwindung der Spaltung (Abwehr). Folgen sind größere Vielfalt innerer Objektbeziehungsmuster, sichere Identität, reifere Abwehr und höheres Strukturniveau als vor der Therapie.

Tabelle 2: Prioritätenliste der Sitzungsthemen in der TFP (nach Clarkin, Yeomans u. Kernberg, 2008)

Prioritätenliste der Sitzungsthemen in der TFP	
1.	**Behinderungen der Übertragungsarbeit**
1.1	Suizid- und Morddrohungen
1.2	Offene Gefährdung der Fortführung der Therapie (z. B. Umzug mit Ende der Therapie)
1.3	Unehrlichkeit oder absichtliches Verschweigen von Informationen in den Sitzungen (Lügen)
1.4	Verletzungen des Therapievertrags (z. B. Nichteinhalten der Abmachung, noch einen anderen Therapeuten – Internist, Psychiater o. Ä. – aufzusuchen)
1.5	Agieren während der Sitzungen (z. B. Beschädigung von Einrichtungen in der Praxis)
1.6	Agieren zwischen den Sitzungen
1.7	Ausweichen auf emotional nicht bedeutsame oder triviale Themen
2.	**Offenkundige Übertragungsmanifestationen**
2.1	Verbale Bezugnahme auf den Therapeuten
2.2	»Acting-in« (z. B. Einnehmen einer verführerischen Körperhaltung)
2.3	Äußerungen, aus denen der Therapeut auf Übertragungsmanifestationen schließen kann (z. B. Anspielungen auf andere Ärzte oder Therapeuten)
3.	**Affektiv bedeutsames Material, das nichts mit der Übertragung zu tun hat**

Mentalisierungsbasierte Therapie (MBT)

Mentalisierungsfähigkeit fußt auf entwicklungspsychologischen (v. a. bindungstheoretischen), psychodynamischen, kognitionspsychologischen und neurobiologischen Annahmen und Erkenntnissen und beschreibt die menschliche Tendenz, Verhalten verstehen zu wollen und den dahinterstehenden geistigen Zustand einschließlich der zugehörigen Emotionen zu beschreiben und zu erklären. Mentalisierung hält die psychische Gesundheit aufrecht, indem hierdurch ein reflektierender und flexibler Zugriff auf das Selbst und das Verständnis anderer ermöglicht wird, und sie ist auch Grundlage psychotherapeutischer Behandlung. Es handelt sich um eine Form sozialer Kognition mit den Bestandteilen Affektrepräsentation, Affektregulation und Aufmerksamkeitskontrolle. Die Fähigkeit zur Mentalisierung entwickelt sich in den ersten vier Lebensjahren und ist wesentlich abhängig vom Ausmaß elterlicher Selbstreflexionsfähigkeit. Eltern mit dieser Fähigkeit zeigen ein gutes Affekt-Containment, vor allem gegenüber negativen Affekten, und vermitteln ihren Kindern durch die Signalisierung, dass ihre Gefühle verstanden und verändert werden können, Bindungssicherheit.

Die MBT (Bateman u. Fonagy, 2015) vertritt als therapeutische Grundhaltung einen fragenden Modus und exploriert eher, statt Einsicht herbeiführen zu wollen. Ihre Interventionstechniken sind nach Bolm (2009) das Prinzip Frage (Exploration), Prinzip Columbo (Verwendung von Alltagssprache und dummen Fragen), Prinzip Antwort (Therapeut ist eine präsente Person), Prinzip Container (Therapeut gibt kontingent und markiert Feedback), Prinzip Brücke (Mentalisierungsbrüche werden gesucht und es wird versucht, Verbindungen herzustellen), Prinzip Tangente (bewusstseinsnah intervenieren).

Möglichkeiten der Förderung und Hemmung der Mentalisierung sind in den Tabellen 3 und 4 dargestellt (nach Bateman u. Fonagy, 2015). Ziel der Behandlung ist die Verbesserung der Mentalisierungsfähigkeit und eine verbesserte Kohärenz und Integration des Selbst und der anderen.

Tabelle 3: Förderung der Mentalisierung (nach Bateman u. Fonagy, 2015)

Förderung der Mentalisierung	
1.	Eine neugierige, nicht wissende Haltung einnehmen, Exploration! Gemeinsames Spielen mit der Realität
2.	Bevorzugung alltagssprachlicher Dialoge ohne wissende Deutungen
3.	Selektiv authentisch reagieren (begrenzte Selbstenthüllung)
4.	Eine sichere Basis bereitstellen, wodurch der Patient seine mentalen Zustände besser explorieren kann, d. h. auch kontingente und markierte Affektspiegelung (Vorsicht bei Affekt-Ansteckung durch den Patienten, da hierdurch Äquivalenzmodus und Eskalation gefördert werden)

Förderung der Mentalisierung
5. Weder zu intensives noch zu flaches emotionales Engagement fördern
6. Den Patienten auf unterschiedliche Sichtweisen von Interaktion und Selbsterfahrung aufmerksam machen
7. Bewusstseinsnah intervenieren (nicht zu viel Angst erzeugen), für Sicherheit sorgen
8. Anerkennen, wenn der Therapeut nicht weiß, was er sagen soll, und den Patienten einbeziehen, um den Prozess voranzubringen
9. Zuerst die Perspektive des Patienten validieren, bevor andere Perspektiven angeboten werden
10. Dem Patienten sagen, was der Therapeut denkt, sodass der Patient Gelegenheit hat, die verzerrte Mentalisierung des Therapeuten zu korrigieren
11. Therapeutische Fehler anerkennen und den Beitrag des Therapeuten zu zurückweisenden Reaktionen des Patienten aktiv untersuchen, d. h. aggressives Verhalten untersuchen hinsichtlich intrapsychischen und interpersonellen Ursachen
12. Der Therapeut erkennt seine eigenen falschen Mentalisierungen an und versucht, die Missverständnisse zu begreifen
13. Projektionen nicht zurückweisen, sondern verstehen bzw. explorieren
14. Auch der Therapeut kann seine Mentalisierungsfähigkeit verlieren und kann dies hoffentlich tolerieren, um wieder reflektieren zu können

Tabelle 4: Hemmung der Mentalisierung (nach Bateman u. Fonagy, 2015)

Hemmung der Mentalisierung
1. Angebot komplizierter, langer Interventionen
2. Sich in einen längeren Diskurs im Als-ob-Modus engagieren (bullshitting)
3. Dem Patienten geistige Zustände aufgrund des eigenen theoretischen Standpunkts zuschreiben
4. Ideen über den Patienten mit Gewissheit äußern (anstatt tentativ), z. B. Deutungen im Modus des Wissenden
5. Zu lange Schweigepausen
6. Monologisieren von Therapeut und Patient

Hemmung der Mentalisierung
7.	Vermeiden, Fehler zu suchen
8.	Empathiemangel beim Therapeuten (nicht kontingente Reaktion) oder zu große emotionale Beteiligung (fehlende Markierung)
9.	Unangemessene Beschäftigung mit der Vergangenheit zum falschen Zeitpunkt
10.	Der Therapeut mentalisiert nicht genügend über sich selbst, d. h. ungenügende Übertragungs- und Gegenübertragungsanalyse (was trage ich zur Beziehung bei)

Strukturbezogene Psychotherapie

Diese Form der Psychotherapie struktureller Störungen und damit auch narzisstischer Persönlichkeitsstörungen entstand im Zusammenhang mit der Entwicklung der Operationalisierten Psychodynamischen Diagnostik (Arbeitskreis OPD, 2006), deren Strukturachse (Achse IV) wesentlicher Bestandteil der Diagnosefindung darstellt. Die je vier Dimensionen der Struktur bezogen auf Subjekt und Objekt umfassen die *Selbst- und Objektwahrnehmung,* die *Regulierung der Beziehung zu Selbst und Objekt* sowie die *emotionale Kommunikation und Bindung* innerhalb des Selbst und in Bezug auf die Objekte (Rudolf, 2012). Da strukturelle Funktionen und ihre Störungen ihren Ursprung in der frühen Eltern-Kind-Beziehung haben, ist für Rudolf (2012) eine therapeutische Haltung wichtig, die annehmend und unterstützend ist, die auf Deutung verzichtet und auch nicht ausschließlich unbewusste Konflikte in der therapeutischen Übertragungssituation bearbeitet. Es geht darum, die Bewältigungsmöglichkeiten des Patienten anzuerkennen und ihn aktiv bei der Veränderung seines selbstschädigenden Verhaltens zu unterstützen. Der Therapeut, die Therapeutin soll empathisch die strukturellen Defizite des Patienten verstehen und aktiv strukturelles Wachstum fördern, anstatt auf die destruktiven Verhaltensweisen zu fokussieren. Dies geschieht durch die Einnahme der *vier therapeutischen Positionen:* »sich hinter den Patienten stellen«, »sich neben den Patienten stellen«, »sich dem Patienten gegenüberstellen« und »dem

Patienten vorangehen«. Erst nach Eintritt einer stabileren Struktur ist die Beschäftigung mit Konflikten sinnvoll, davor führt sie nur zu weiterer Destabilisierung.

Rudolfs (2012) Strukturbezogene Psychotherapie hat hinsichtlich der therapeutischen Haltung, der Behandlungstechnik und des Störungsmodells (frühe Eltern-Kind-Beziehung) große Nähe zu Kohuts psychoanalytischer Selbstpsychologie. Ebenso besteht eine Nähe zur Mentalisierungsbasierten Therapie, die sich von einer selbstpsychologischen therapeutischen Orientierung ebenfalls nur wenig unterscheidet. Andererseits beinhaltet die TFP auch mentalisierungsfördernde Elemente und führt auch zu einer verbesserten narrativen Kohärenz. Dies spricht dafür, dass verschiedene Zugangswege strukturelle Verbesserungen insbesondere in den Bereichen Affektregulation und Reflexionsfähigkeit bewirken können.

11.3 Wesentliche Komplikationen bei allen Therapieformen

Trotz unterschiedlicher therapeutischer Zugänge finden sich bei narzisstischen Persönlichkeitsstörungen häufig die nachfolgend auftretenden Schwierigkeiten, die zu erheblichen therapeutischen Schwierigkeiten führen können. Im Wesentlichen kommt es zu:
- Hass und Selbsthass (z. B. Dominanz des aversiven Motivationssystems), schwere Selbstwertkrisen (mit Scham, narzisstischer Wut, selbstdestruktiven Phantasien), Probleme bei der Affektregulation; Fragmentierung des Selbst als Ursache.
- Dissozialität (maligner Narzissmus, antisoziale Persönlichkeit). Entwicklungsgeschichtlich liegen meist schwere Kindheitstraumata mit oral-aggressivem Kernkonflikt (maßlose Gier, prägenitale Aggression), eine gestörte Autonomie-Entwicklung (unsichere Nähe-Distanz-Regulierung, archaische Abwehrmechanismen, eingeschränkte Realitätsprüfung) vor. Diese Entwicklungsbedingungen führen zu mangelhafter Angst- und Spannungstoleranz.

- Perversion (Störungen der Sexualpräferenz, Paraphilien); nicht selten eigene Missbrauchserfahrungen mit schwersten Selbstabwertungen.
- Gewalt (narzisstische Wut, akut oder chronisch); aggressives Verhalten kann als Versuch verstanden werden, mit einer schädigenden Umwelt fertig zu werden. Die Aggression verschwindet allmählich durch Entwicklung von sicherer Bindung und damit einhergehender Mentalisierungsfähigkeit.

12 Übertragungs- und Gegenübertragungsprobleme

Übertragungs- und Gegenübertragungsprobleme differieren je nach theoretischer Grundhaltung (vgl. insbesondere Kapitel 11.1 über Kohut und Kernberg, S. 60 ff.). Die narzisstische Persönlichkeitsstörung kann man wie in Kapitel 4 beschrieben kategorial und auch dimensional auf einem Kontinuum einordnen. Man unterscheidet einen gesunden Narzissmus als Persönlichkeitsvariable gesunder Menschen, Narzissmus als Persönlichkeitsakzentuierung und die narzisstische Persönlichkeitsstörung. Übertragungs-/Gegenübertragungsprobleme hängen vom Typus der Störung ab (siehe Tabelle 1, S. 30).

So zeichnen sich dickhäutige, unbeirrte Menschen mit narzisstischer Persönlichkeitsstörung durch einen undurchdringlichen Charakterpanzer zum Schutz vor negativen Reaktionen aus. In der Regel sprechen sie viel, können aber kaum zuhören. Der Therapeut bleibt in der Übertragung Zuschauer und erfährt Verachtung und Entwertung durch den Patienten. Der Therapeut wird nicht als hilfreich wahrgenommen, er ist nur nützlich zum Zuhören, ohne den Patienten in seiner anmaßenden Selbstbezogenheit zu stören.

Dünnhäutige, hypervigilante Menschen mit narzisstischer Persönlichkeitsstörung zeigen eine hohe Empfindlichkeit hinsichtlich der Reaktionen des Analytikers (z. B. drehen sich auf der Couch um, um sich seiner Aufmerksamkeit zu versichern). Sie wittern hinter jeder Äußerung eine narzisstische Kränkung. Ebenfalls haben sie ausgeprägte Größenphantasien, sind gekränkt, wenn der Analytiker oder die Analytikerin nicht voll auf sie eingestimmt ist, und fühlen sich schnell beschämt und gedemütigt. Sie haben Mentalisierungsprobleme mit der Neigung zu Fehlinterpretationen dessen, was sie wahrnehmen, und erleben ein Unvermögen, andere als autonom zu sehen.

Bei beiden Ausprägungen narzisstischer Persönlichkeitsstörungen finden sich vier Problembereiche, die einschlägige Übertragungs-/Gegenübertragungsreaktionen auslösen können:

Idealisierung: Sie kann dem Therapeuten Probleme bereiten, weil er sich unangenehm berührt fühlt (z. B. überstimuliert) und die Idealisierung aus Angst vor eigenen negativen Gefühlen vorzeitig interpretiert. Der Therapeut kann sich beschämt und schuldig fühlen, wenn er erkennt, wie sehr er die Idealisierung des Patienten genossen hat, oder auch wenn er sich selbst mithilfe des Patienten aufwerten möchte und daher die Idealisierung fördert, gleichzeitig aber Anzeichen von Feindseligkeit übergeht. Hier kann eine Kollusion mit dem Patienten entstehen (»Ich bin wahrscheinlich der Einzige, der Sie wirklich versteht«).

Langeweile, Verachtung, Müdigkeit: Die fehlende Mentalisierungsfähigkeit des Patienten lässt beim Therapeuten das Gefühl entstehen, nicht wahrgenommen zu werden. Archaische Selbstobjektbedürfnisse können ebenfalls für diese Gegenübertragungsgefühle verantwortlich sein, zum Beispiel wenn der Patient den Therapeuten als Erweiterung seines Selbst wahrnimmt und nicht als objektales Gegenüber. Auch Therapeuten möchten gebraucht und wahrgenommen werden (Selbstobjektbedürfnisse des Therapeuten).

Gefühl, omnipotenter Kontrolle zu unterliegen: Archaische Selbstobjektbedürfnisse des Patienten und hohe Kränkungsneigung können in Therapeutinnen und Therapeuten Gefühle auslösen, omnipotenter Kontrolle zu unterliegen. Sie trauen sich bewusst oder unbewusst nicht mehr, spontan zu reagieren, zögern, etwa Geräusche zu verursachen aus Angst vor Fehlinterpretationen des Patienten. Dies kann erheblich die gleichschwebende Aufmerksamkeit des Therapeuten behindern, ebenso seine optimale Responsivität.

Verleugnete Motive und Konflikte des Therapeuten können auftauchen: Dies kann dann geschehen, wenn beispielsweise der Therapeut daran glaubt, die Ablehnung seiner Person durch den Patienten sei gerechtfertigt. Eigene Gefühle von Kleinheit, Ungenügen, Fehlerhaftigkeit können im Therapeuten zur klaren Überzeugung werden, ohne dass er dazu wirklich einen Beitrag geleistet hätte, außer in der Wahrnehmung des Patienten. Daher sollte der Blick immer auf die Perspektive des Patienten gerichtet sein, auch um dessen Neigung zu projektiven Identifizierungen (Seiffge-Krenke, 2017) wahrzunehmen und zu verstehen.

13 Ausblick, Prognose und Behandlungseffizienz

Prognostisch wird der Erfolg der Behandlung eingeschränkt durch negative Merkmale wie sekundärer Krankheitsgewinn, sozial-parasitäres Verhalten, schweres antisoziales Verhalten, ausgeprägte Autoaggression, Drogen- und Alkoholmissbrauch, starke Arroganz, Unfähigkeit zum Ertragen von Abhängigkeit sowie schwerste negative therapeutische Reaktionen. Dagegen verbessert höheres Lebensalter die Prognose. Oft ist ein langer Therapieprozess notwendig, bedingt durch die problematische Beziehungsfähigkeit, Selbstidealisierung und fehlende Empathie des Patienten. Weiterhin besteht eine hohe Abbruchwahrscheinlichkeit (Seiffge-Krenke u. Cinkaya, 2016). Nach Levy, Chauhan, Clarkin, Wasserman und Reynoso (2009) sind die Erfolge bei vulnerablem Narzissmus in größerem Ausmaß vorhanden als bei grandiosem Narzissmus, und zusätzlich kommen Menschen mit grandiosem Narzissmus trotz gleich hohen Leidensdrucks seltener in Behandlung, da sie ihre Belastung eher verleugnen. Andererseits ist der Typus des high-functioning/exhibitionistic Narzissten, wie im Abschnitt »Subtypen der narzisstischen Persönlichkeitsstörung« (S. 29 ff.) beschrieben, für eine Behandlung deutlich geeigneter als die grandios-malignen Narzissten, weil seine Grandiosität oft verbunden ist mit Introspektion und Behandlungsmotivation.

Katamnestisch findet sich eine Besserung nach drei Jahren, meist bedingt durch korrigierende signifikante Lebensereignisse, wie etwa neue und dauerhafte Beziehungen oder berufliche Veränderungen mit korrigierenden Erfahrungen eigener Leistungsfähigkeit (Ronningstam, Gunderson u. Lyons, 1995). Negative prognostische Zeichen sind nach Kernberg (2006) dauerhaftes berufliches Versagen trotz guter Schulbildung, ausgeprägte Arroganz (auch gegenüber dem Therapeuten), selbstdestruktives Verhalten, Symptome des malignen Narzissmus (dissozial und paranoid), verdrängte Abhängigkeitsbedürfnisse, Drogen- und Alkoholmissbrauch, sekundärer Krankheitsgewinn. Wirklich überzeugende Untersuchungen zu den Ergebnissen psychotherapeutischer Interventionen bei narzisstischen Persönlichkeitsstörungen sind sehr spärlich vorhanden.

Es gibt Vorschläge, narzisstische Persönlichkeitsstörungen wie Suchterkrankungen zu behandeln, denen man zuerst das Suchtmittel – die Zufuhr der Bestätigung ihrer Grandiosität – entziehen sollte. Vergessen wird dabei, dass Suchterkrankungen auch viele Aspekte von Zwangserkrankungen haben, womit auch der Zwang, aus bestimmten Motiven heraus Erfahrungen zu wiederholen, angesprochen ist. Vor allem aber weist dies auf eine pathologische Akkommodation hin, bei der die Angst, ein Verhalten nicht zu wiederholen, größer ist, als eine neue Erfahrung zu machen.

Literatur

Altmeyer, M. (in Vorb.). Warten auf den Anderen, Hoffen auf Umweltresonanz: Narzissmus und Intersubjektivität. In S. Döring, H.-P. Hartmann, O. F. Kernberg (Hrsg.), Handbuch Narzissmus. Stuttgart: Schattauer.

Arbeitskreis OPD (Hrsg.) (2006). Operationalisierte Psychodynamische Diagnostik – OPD-2. Bern: Huber.

Argelander, H. (1972). Der Flieger. Eine charakteranalytische Fallstudie. Frankfurt a. M.: Suhrkamp.

Balint, M. (1969). Die Urformen der Liebe und die Technik der Psychoanalyse. Frankfurt a. M.: Fischer.

Balint, M. (1970). Therapeutische Aspekte der Regression. Die Theorie der Grundstörung. Stuttgart: Klett.

Balint, M. (1972). Angstlust und Regression. Beitrag zur psychologischen Typenlehre. Reinbek: Rowohlt.

Banai, E., Mikulincer, M., Shaver, P. R. (2005). »Selfobject« needs in Kohut's self psychology: Links with attachment, self-cohesion, affect regulation, and adjustment. Psychoanalytic Psychology, 22, 224–260.

Bateman, A. W., Fonagy, P. (Hrsg.) (2015). Handbuch Mentalisieren. Gießen: Psychosozial-Verlag.

Beebe, B., Lachmann, F. M. (2004). Säuglingsforschung und die Psychotherapie Erwachsener. Wie interaktive Prozesse entstehen und zu Veränderungen führen. Stuttgart: Klett-Cotta.

Benjamin, J. (1988). Die Fesseln der Liebe. Psychoanalyse, Feminismus und das Problem der Macht. Frankfurt a. M.: Fischer.

Bergler, E. (1949). The basic neurosis: Or regression and psychic masochism. New York: Grune & Stratton.

Blatt, S. J., Blass, R. B. (1992). Relatedness and self-definition: Two primary dimensions in personality development, psychopathology, and psychotherapy. In J. W. Barron, M. N. Eagle, D. L. Wolitzky (Eds.), Interface of psychoanalysis and psychology (pp. 399–428). Washington, DC: American Psychological Association.

Bolm, T. (2009). Mentalisierungsbasierte Therapie (MBT). Für Borderline-Störungen und chronifizierte Traumafolgen. Köln: Deutscher Ärzte-Verlag.

Boothe, B. (in Vorb.). Narzissmus bei Frauen. In S. Döring, H.-P. Hartmann, O. F. Kernberg (Hrsg.), Handbuch Narzissmus. Stuttgart: Schattauer.

Bowlby, J. (2006a). Bindung. München: Reinhardt.

Bowlby, J. (2006b). Trennung – Angst und Zorn. München: Reinhardt.

Bowlby, J. (2006c). Verlust – Trauer und Depression. München: Reinhardt.

Caligor, E., Kernberg, O. F., Clarkin, J. F. (2009). Übertragungsfokussierte Psychotherapie bei neurotischer Persönlichkeitsstruktur. Stuttgart: Schattauer.

Clarkin, J. F., Yeomans, F. E., Kernberg, O. F. (2008). Psychotherapie der Borderline-Persönlichkeit. Manual zur psychodynamischen Therapie. Stuttgart: Schattauer.

Deneke, F.-W. (1989). Das Selbst-System. Psyche – Zeitschrift für Psychoanalyse und ihre Anwendungen, 43, 577–608.

Deneke, F.-W., Hilgenstock, B. (1989). Das Narzissmusinventar. Handbuch. Bern u. a.: Huber.

Dickinson, K. A., Pincus, A. L. (2003). Interpersonal analysis of grandiose and vulnerable narcissism. Journal of Personality Disorders, 17, 188–207.

Dilling, H., Mombour, W., Schmidt, M. H. (Hrsg.) (1991). Internationale Klassifikation psychischer Störungen. ICD-10 Kapitel V (F). Klinisch-diagnostische Leitlinien. Bern: Huber.

Dornes, M. (1993). Der kompetente Säugling. Die präverbale Entwicklung des Menschen. Frankfurt a. M.: Fischer.

DSM-IV (1996). Diagnostisches und statistisches Manual psychischer Störungen. Dt. Bearbeitung von H. Saß. Göttingen: Hogrefe.

Ellis, H. (1898). Auto-erotism: A psychological study. Alienist and Neurologist, 19, 260–299.

Evertz, K., Janus, L., Linder, R. (Hrsg.) (2016). Lehrbuch der Pränatalen Psychologie. Heidelberg: Mattes.

Falkai, P., Wittchen, H.-U. (2015). Diagnostisches und Statistisches Manual Psychischer Störungen DSM-5. Göttingen: Hogrefe.

Ferenczi, S. (1913/1984). Entwicklungsstufen des Wirklichkeitssinnes. In Bausteine zur Psychoanalyse, Bd. I (S. 62–83). Frankfurt a. M.: Ullstein.

Fonagy, P. (2003). Bindungstheorie und Psychoanalyse. Stuttgart: Klett-Cotta.

Fonagy, P. (2006). Persönlichkeitsstörung und Gewalt – ein psychoanalytisch-bindungstheoretischer Ansatz. In O. F. Kernberg, H.-P. Hartmann (Hrsg.), Narzissmus. Grundlagen – Störungsbilder – Therapie (S. 486–540). Stuttgart: Schattauer.

Freud, S. (1905). Drei Abhandlungen zur Sexualtheorie. GW V (S. 27–145). Frankfurt a. M.: Fischer.

Freud, S. (1910). Eine Kindheitserinnerung des Leonardo da Vinci. GW VIII (S. 127–211). Frankfurt a. M.: Fischer.

Freud, S. (1913). Totem und Tabu. GW IX (S. 1–194). Frankfurt a. M.: Fischer.

Freud, S. (1914). Zur Einführung des Narzissmus. GW X (S. 137–170). Frankfurt a. M.: Fischer.

Freud, S. (1920). Jenseits des Lustprinzips. GW XIII (S. 3–69). Frankfurt a. M.: Fischer.

Freud, S. (1921). Massenpsychologie und Ich-Analyse. GW XIII (S. 71–161). Frankfurt a. M.: Fischer.

Freud, S. (1931). Über libidinöse Typen. GW XIV (S. 507–513). Frankfurt a. M.: Fischer.

Gabbard, G. O. (1989). Two subtypes of narcissistic personality disorder. Bulletin of the Menninger Clinic, 53, 527–532.

Gabbard, G. O. (2006). Übertragung und Gegenübertragung in der Behandlung von Patienten mit Narzisstischer Persönlichkeitsstörung. In O. F. Kernberg, H.-P. Hartmann (Hrsg.), Narzissmus. Grundlagen – Störungsbilder – Therapie (S. 693–702). Stuttgart: Schattauer.

Gloger-Tippelt, G. (Hrsg.) (2012). Bindung im Erwachsenenalter. Ein Handbuch für Forschung und Praxis. Bern: Huber.

Grunberger, B. (1971/1976). Vom Narzissmus zum Objekt. Frankfurt a. M.: Suhrkamp.

Grunberger, B. (1988). Narziss und Anubis. Bd. 1 und 2. München u. Wien: Verlag Internationale Psychoanalyse.

Hartmann, H.-P. (2014). Heinz Kohut und die Psychologie des Selbst. In G. Gödde, J. Zirfas (Hrsg.), Lebenskunst im 20. Jahrhundert. Stimmen von Philosophen, Künstlern und Therapeuten (S. 337–352). Paderborn: Fink.

Hendin, H. M., Cheek, J. M. (1997). Assessing hypersensitive narcissism: A re-examination of Murray's Narcissism Scale. Journal of Research in Personality, 31, 588–599.

Henseler, H. (1986). Beobachtungen und Reflexionen zur Theorie des Narzissmus. Zeitschrift für psychoanalytische Theorie und Praxis, 1, 66–81.

Holder, A., Dare, C. (1982). Narzissmus, Selbstwertgefühl und Objektbeziehung. Psyche – Zeitschrift für Psychoanalyse und ihre Anwendungen, 49, 788–812.

Joffe, W. G., Sandler, J. (1967). Über einige begriffliche Probleme im Zusammenhang mit dem Studium der narzisstischen Störungen. Psyche – Zeitschrift für Psychoanalyse und ihre Anwendungen, 21, 151–165.

Karterud, S. (in Vorb.). Narzisstische Phänomene in der Gruppentherapie. In S. Döring, H.-P. Hartmann, O. F. Kernberg (Hrsg.), Handbuch Narzissmus. Stuttgart: Schattauer.

Kernberg, O. F. (1978). Borderline-Störungen und pathologischer Narzissmus. Frankfurt a. M.: Suhrkamp.

Kernberg, O. F. (1981). Objektbeziehungen und Praxis der Psychoanalyse. Stuttgart: Klett-Cotta.

Kernberg, O. F. (1984/1988). Schwere Persönlichkeitsstörungen. Stuttgart: Klett-Cotta.

Kernberg, O. F. (1996). Eine ich-psychologische Objektbeziehungstheorie der Struktur und Behandlung des pathologischen Narzissmus – ein Überblick. In O. F. Kernberg (Hrsg.), Narzisstische Persönlichkeitsstörungen (S. 248–254). Stuttgart u. New York: Schattauer.

Kernberg, O. F. (2006). Die narzisstische Persönlichkeit und ihre Beziehung zu antisozialem Verhalten und Perversionen – pathologischer Narzissmus und narzisstische Persönlichkeit. In O. F. Kernberg, H.-P. Hartmann (Hrsg.), Narzissmus. Grundlagen – Störungsbilder – Therapie (S. 263–307). Stuttgart: Schattauer.

Klein, M. (1962). Das Seelenleben des Kleinkindes und andere Beiträge zur Psychoanalyse. Stuttgart: Klett.

Kluge, F. (1975). Etymologisches Wörterbuch der deutschen Sprache. Berlin: De Gruyter.

Köhler, L. (1978). Über einige Aspekte der Behandlung narzisstischer Persönlichkeitsstörungen im Lichte der historischen Entwicklung psychoanalytischer Theoriebildung. Psyche – Zeitschrift für Psychoanalyse und ihre Anwendungen, 32, 1001–1058.

Köhler, L. (1984). On selfobject countertransference. Annual of Psychoanalysis, 12, 39–56.

Kohut, H. (1966). Formen und Umformungen des Narzissmus. Psyche – Zeitschrift für Psychoanalyse und ihre Anwendungen, 20, 561–587.

Kohut, H. (1969). Die psychoanalytische Behandlung narzisstischer Persönlichkeitsstörungen. Psyche – Zeitschrift für Psychoanalyse und ihre Anwendungen, 23, 321–348.

Kohut, H. (1973). Narzissmus. Eine Theorie der psychoanalytischen Behandlungen narzisstischer Persönlichkeitsstörungen. Frankfurt a. M.: Suhrkamp.

Kohut, H. (1979). Die Heilung des Selbst. Frankfurt a. M.: Suhrkamp.

Kohut, H. (1984). Wie heilt die Psychoanalyse? Frankfurt a. M.: Suhrkamp (1987).

Kohut, H., Wolf, E. S. (1978). Die Störungen des Selbst und ihre Behandlung. In U. H. Peters (Hrsg.), Die Psychologie des 20. Jahrhunderts, Bd. 10 (S. 667–682). Zürich: Kindler.

Lammers, C.-H. (2014). Psychotherapie narzisstisch gestörter Patienten. Ein verhaltenstherapeutisch orientierter Ansatz. Stuttgart: Schattauer.
Lammers, C.-H., Mestel, R. (2015). Gibt es eine Epidemie des Narzissmus? Persönlichkeitsstörungen: Theorie und Therapie, 19, 127–136.
Lasch, C. L. (1979). Das Zeitalter des Narzissmus. München: Steinhausen (1980).
Levy, K. N, Chauhan, P., Clarkin, J. F., Wasserman, R. H., Reynoso, J. S. (2009). Narcissistic pathology: Empirical approaches. Psychiatric Annals, 39, 203–212.
Lichtenstein, H. (1964). The role of narcissism in the emergence and maintenance of a primary identity. The International Journal of Psychoanalysis, 45, 49–56.
Little, M. (1994). Die Analyse psychotischer Ängste. Zwei unorthodoxe Fallgeschichten. Stuttgart: Klett-Cotta.
Lorenzini, N., Fonagy, P. (2013). Attachment and personality disorders: A short review. Focus, 11, 155–166.
Luyten, P., Fonagy, P. (2014). Mentalising in attachment contexts. In P. Holmes, S. Farnfield (Eds.), The Routledge handbook of attachment: Theory (pp. 107–126). London u. New York: Routledge.
Mahler, M. S., Pine, F., Bergman, A. (1978). Die psychische Geburt des Menschen. Symbiose und Individuation. Frankfurt a. M.: Fischer.
May-Tolzmann, U. (1991). Zu den Anfängen des Narzissmus: Ellis – Näcke – Sadger – Freud. Luzifer-Amor, 4, 50–88.
Morf, C. C., Rhodewalt, F. (2006). Die Paradoxa des Narzissmus – ein dynamisches selbstregulatorisches Prozessmodell. In O. F. Kernberg, H.-P. Hartmann (Hrsg.), Narzissmus. Grundlagen – Störungsbilder – Therapie (S. 308–347). Stuttgart: Schattauer.
Näcke, P. (1899). Die sexuellen Perversitäten in der Irrenanstalt. Psychiatrische en neurologischer Bladen, 3, 122–149.
Nunberg, H., Federn, E. (1977). Protokolle der Wiener Psychoanalytischen Vereinigung, Bd. II. Frankfurt a. M.: Fischer.
Ornstein, P. H. (1993). Zur Bedeutung von Sexualität und Aggression für die Pathogenese psychischer Erkrankungen. In C. Schöttler, P. Kutter (Hrsg.), Sexualität und Aggression aus der Sicht der Selbstpsychologie (S. 77–97). Frankfurt a. M.: Suhrkamp.
Ornstein, P. H., Ornstein, A. (2001). Klinisches Verstehen und Erklären: der empathische Blickwinkel. In A. Ornstein, P. H. Ornstein, Empathie und therapeutischer Dialog. Beiträge zur klinischen Praxis der psychoanalytischen Selbstpsychologie (S. 31–57). Gießen: Psychosozial-Verlag.
Ovidius, P. N. (1982). Metamorphoses. Verwandlungen. München: dtv.

Pincus, A. L., Lukowitsky, M. R. (2010). Pathological narcissism and narcissistic personality disorder. Annual Review of Clinical Psychology, 6, 421–446.

Pistole, M. C. (1995). Adult attachment style and narcissistic vulnerability. Psychoanalytic Psychology, 12, 115–126.

Potier, R. (2014). Narcissism on social networks. In A. Besser (Ed.), Handbook of the psychology of narcissism (pp. 249–257). New York: Nova.

Pulver, S. E. (1972). Narzissmus: Begriff und metapsychologische Konzeption. Psyche – Zeitschrift für Psychoanalyse und ihre Anwendungen, 26, 34–57.

Reed, G. S. (1989). Regeln klinischen Verstehens in der klassischen Psychoanalyse und in der Selbstpsychologie. Psyche – Zeitschrift für Psychoanalyse und ihre Anwendungen, 43, 1094–1116.

Ronningstam, E., Gunderson, J., Lyons, M. (1995). Changes in pathological narcissism. The American Journal of Psychiatry, 152, 253–257.

Rubinstein, G. (2014). Narcissism in the third millenium: Personality disorder or cultural phenomenon? In A. Besser (Ed.), Handbook of the psychology of narcissism (pp. 112–123). New York: Nova.

Rudolf, G. (2012). Strukturbezogene Psychotherapie. Leitfaden zur psychodynamischen Therapie struktureller Störungen. Stuttgart: Schattauer.

Russ, E., Shedler, J., Bradley, R., Westen, D. (2008). Refining the construct of narcissistic personality disorder: Diagnostic criteria and subtypes. The American Journal of Psychiatry, 165, 1473–1481.

Sachse, R. (2014). Klärungsorientierte Verhaltenstherapie des Narzissmus. Psychotherapie, 19, 43–51.

Sachse, R., Sachse, M., Fasbender, J. (2011). Klärungsorientierte Therapie der narzisstischen Persönlichkeitsstörung. Göttingen: Hogrefe.

Sadger, I. (1909). Ein Fall von multiformer Perversion (2. Teil). In H. Nunberg, E. Federn (1977). Protokolle der Wiener Psychoanalytischen Vereinigung, Bd. II (S. 274–278). Frankfurt a. M.: Fischer.

Schmidt-Hellerau, C. (in Vorb.). Freuds Narzissmus-Theorie. Eine metapsychologische Ortung. In S. Döring, H.-P. Hartmann, O. F. Kernberg (Hrsg.), Handbuch Narzissmus. Stuttgart: Schattauer.

Schütz, A., Marcus, B., Sellin, I. (2004). Die Messung von Narzissmus als Persönlichkeitskonstrukt: Psychometrische Eigenschaften einer Lang- und einer Kurzform des Deutschen NPI (Narcissistic Personality Inventory). Diagnostica, 50, 202–218.

Segal, H. (1983). Some implications of Melanie Klein's work. The International Journal of Psychoanalysis, 64, 269–276.

Seiffge-Krenke, I. (2017). Widerstand, Abwehr und Bewältigung. Göttingen: Vandenhoeck & Ruprecht.

Seiffge-Krenke, I. (in Vorb.). Der ganz normale Narzissmus im Jugendalter und im »emerging adulthood«. In S. Döring, H.-P. Hartmann, O. F. Kernberg (Hrsg.), Handbuch Narzissmus. Stuttgart: Schattauer.

Seiffge-Krenke, I., Cinkaya, F. (2016). Behandlungsabbrüche. Therapeutische Konsequenzen einer Metaanalyse. Göttingen: Vandenhoeck & Ruprecht.

Spitz, R. (1965). Vom Säugling zum Kleinkind. Stuttgart: Klett (1974).

Spivak, O., Besser, A., Zeigler-Hill, V. (2014). Vulnerable and grandiose narcissism under threat: Disparities and similarities. In A. Besser (Ed.), Handbook of the psychology of narcissism (pp. 429–454). New York: Nova.

Stern, D. N. (1985/1992). Die Lebenserfahrung des Säuglings. Stuttgart: Klett-Cotta.

Stinson, F. S., Dawson, D. A., Goldstein, R. B., Chou, S. P., Huang, B., Smith, S. M., Ruan, W. J., Pulay, A. J., Saha, T. D., Pickering, R. P., Grant, B. F. (2008). Prevalence, correlates, disability, and comorbidity of DSM-IV narcissistic personality disorder: Results from the Wave 2 National Epidemiologic Survey on Alcohol and Related Conditions. The Journal of Clinical Psychiatry, 69, 1033–1045.

Stolorow, R., Atwood, G. E. (1989). The unconscious and unconscious fantasy: An intersubjective-developmental perspective. Psychoanalytic Inquiry, 9, 364–374.

Stolorow, R. D., Brandchaft, B., Atwood, G. E. (1996). Psychoanalytische Behandlung. Ein intersubjektiver Ansatz. Frankfurt a. M.: Fischer.

Wahl, H. (1985). Narzissmus? Stuttgart: Kohlhammer.

Wardetzki, B. (2012). Weiblicher Narzissmus. Der Hunger nach Anerkennung. München: Kösel.

Weiss, J., Sampson, H. and the Mount Zion Psychotherapy Research Group (1986). The psychoanalytic process: Theory, clinical observations and empirical research. New York: Guilford.

Willi, J. (2012). Die Zweierbeziehung: Das unbewusste Zusammenspiel von Partnern als Kollusion. Hamburg: Rowohlt.

Winnicott, D. W. (1965a/1974). Ich-Integration in der Entwicklung des Kindes. In Reifungsprozesse und fördernde Umwelt (S. 72–81). München: Kindler.

Winnicott, D. W. (1965b/1974). Ich-Verzerrung in Form des wahren und des falschen Selbst. In Reifungsprozesse und fördernde Umwelt (S. 182–199). München: Kindler.

Winnicott, D. W. (1965c/1974). Die Ziele der psychoanalytischen Behandlung. In Reifungsprozesse und fördernde Umwelt (S. 217–222). München: Kindler.

Winnicott, D. W. (1973). Vom Spiel zur Kreativität. Stuttgart: Klett.

Wolf, E. S. (1988). Theorie und Praxis der psychoanalytischen Selbstpsychologie. Frankfurt a. M.: Suhrkamp (1996).

Wolf, E. S. (1995). Arten von Selbst-Störungen. In P. Kutter, J. Paál, C. Schöttler, H.-P. Hartmann, W. E. Milch (Hrsg.), Der therapeutische Prozeß (S. 81–98). Frankfurt a. M. Suhrkamp.

Zeigler-Hill, V., Clark, C. B., Pickard, J. D. (2008). Narcissistic subtypes and contingent self-esteem: Do all narcissists base their self-esteem on the same domains? Journal of Personality, 76, 753–774.